Ecouter Dieu

La série *L'Epée de l'Esprit*:
1. *La prière efficace*
2. *Connaître l'Esprit*
3. *Le règne de Dieu*
4. *Une foi vivante*
5. *La gloire dans l'Église*
6. *Le ministère de l'Esprit*
7. *Connaître le Père*
8. *Atteindre les perdus*
9. *Ecouter Dieu*
10. *Connaître le Fils*
11. *Le salut par la grâce*
12. *Adorer en Esprit et en vérité*

www.swordofthespirit.co.uk

Copyright 2014, 2007, 1997, auteur Colin Dye.
Deuxième édition en anglais
Copyright 2014, 1997, auteur Colin Dye
Première édition en français

Kensington Temple
KT Summit House
100 Hanger Lane
London, W5 1EZ

Tous droits réservés. Aucune partie de cette publication ne peut être reproduite, enregistrée ni transmise sous quelque forme que ce soit, par un moyen électronique, mécanique, photocopie, ou autre, sans la permission écrite de l'auteur.

Les citations bibliques, sauf mention spéciale sont tirées de la version Segond Révisée 1975.

L'Epée de l'Esprit

Ecouter Dieu

Colin Dye

Sommaire

Introduction		7
1	L'écoute prophétique	11
2	Le Dieu qui communique	21
3	La Parole de Dieu	43
4	La volonté de Dieu	59
5	L'écoute prophétique dans l'Ancien Testament	75
6	L'écoute prophétique dans le Nouveau Testament	91
7	L'écoute prophétique aujourd'hui	113
8	Juger la révélation	137
9	Développer l'écoute prophétique	155

Introduction

La plupart des réunions d'église semblent remplies de discours et de chants humains. Les gens semblent se rassembler pour parler à Dieu dans la prière et la reconnaissance, pour l'adorer avec des cantiques et des chants spirituels, pour parler de lui dans la louange, et écouter des prédicateurs humains. Et l'importance attachée à écouter Dieu est souvent bien moindre que celle qui est attachée au fait de parler et chanter à Dieu.

Il y a certaines explications évidentes à cette situation: par exemple, la plupart des croyants aiment vraiment chanter et ils trouvent que c'est relativement facile de prier. Depuis leur enfance ils ont été habitués à écouter quelqu'un les enseigner. En revanche, les hommes et les femmes d'aujourd'hui sont toujours plus allergiques au silence sous toutes ses formes et ils trouvent l'idée d'écouter Dieu plutôt étrange.

Beaucoup de congrégations seraient déroutées si leurs leaders leur annonçaient qu'ils allaient passer les vingt prochaines minutes à écouter Dieu. Les gens ne sauraient tout simplement pas quoi faire.

D'un autre côté, ces dix dernières années, le nombre de chrétiens proclamant que Dieu leur parle personnellement a considérablement augmenté.

La phrase «Dieu m'a dit» doit sûrement être l'une des expressions les plus communément entendue dans beaucoup d'églises contemporaines.

Pourtant certains des croyants qui ont cette prétention trouvent difficile d'expliquer comment ils ont entendu Dieu leur parler. De plus, ils n'ont pas été enseignés à gérer les paroles qu'ils ont reçues.

Ecouter le Dieu Tout-Puissant doit être le fondement de

Ecouter Dieu

la vie de foi et de toute forme de service spirituel. Si nous ne recevons pas la direction de Dieu, nous ne pouvons pas lui obéir.

Si nous ne savons pas comment reconnaître sa voix, nous pouvons facilement être détournés du bon chemin. Si nous ne savons pas comment éprouver une révélation nous pouvons faire des choses stupides.

Et s'il nous arrive rarement d'entendre consciemment Dieu nous parler, notre relation avec lui est condamnée à être distante et superficielle.

Ce livre est essentiellement destiné aux croyants qui sont prêts à mettre de côté leurs idées préconçues sur l'écoute de Dieu et qui ont un profond désir d'étudier la Parole de Dieu pour découvrir sa révélation à ce sujet. Que dit l'Ecriture sur la manière dont Dieu communique avec son peuple ? Qu'est-ce que la Bible nous révèle sur la manière dont nous devrions reconnaître les paroles que Dieu nous adresse et ce que nous devrions faire avec ces paroles?

Il y a un matériel supplémentaire qui est mis à votre disposition pour faciliter votre apprentissage. Le fascicule *Révision des Connaissances*, ainsi que des séries de questions sous forme de quiz ou d'examen vous permettront de tester, mémoriser et d'appliquer vos connaissances.

Vous pourrez aussi utiliser la brochure *Révision des Connaissances* avec un petit groupe. Libre à vous de sélectionner dans la prière le contenu des suppléments du cours qui vous paraît le plus adapté à votre groupe. Cela signifie que selon les réunions vous pourrez utiliser tout ou une partie du matériel disponible. Vous êtes encouragés à utiliser votre bon sens et votre discernement spirituel. Sentez-vous libres de photocopier ces pages et de les distribuer aux groupes que vous pourriez diriger.

Quand vous arriverez à la fin de ce livre, ma prière est que vous ayez une meilleure compréhension du but que Dieu poursuit en nous parlant, du processus qu'il utilise pour parler et des principes scripturaires impliqués dans la révélation. Je

Introduction

prie en particulier pour que vous connaissiez sa sainte voix, que vous développiez un cœur qui écoute et soyez prêts à agir sur la base des paroles que vous aurez reçues.

Colin Dye

Chapitre Un

L'écoute prophétique

Chaque livre dans cette série de *l'Epée de l'Esprit* (*Une Ecole du Ministère dans l'Esprit*) souligne l'importance d'écouter le Dieu vivant.

Par exemple, dans *Connaître le Père, Connaître le Fils et Connaître l'Esprit*, nous avons noté que Dieu nous appelle continuellement dans une relation plus profonde, plus intime et personnelle avec lui. Il nous appelle à un partenariat, un face-à-face caractérisé par une foi, un amour, un engagement et une communication qui sont mutuels.

Il nous écoute et nous l'écoutons, il nous parle et nous lui parlons, il se donne à nous et nous nous donnons à lui. Si nous ne continuons pas à écouter Dieu, nous serons peut-être capables de connaître le Dieu trinitaire d'une manière propositionnelle, mais nous ne connaîtrons jamais le Père, le Fils et l'Esprit personnellement et de manière relationnelle.

Dans *Une foi vivante*, nous examinons le lien vital entre notre écoute de la Parole de Dieu et la manière dont la foi de Dieu est suscitée. Sa foi vivante est plantée en nous lorsque nous écoutons sa Parole et la recevons profondément dans notre esprit. En continuant à écouter la Parole de Dieu et en continuant à la croire, à la confesser et à agir sur la base de ce qu'elle nous dit, la foi vivante de Dieu devient notre propre foi et se développe pour devenir mature.

Si nous ne maintenons pas notre habitude d'écouter Dieu, si nous ne sommes pas continuellement prêts à agir en réponse à sa volonté et à sa Parole, si nous ne sommes pas toujours en harmonie avec son Esprit, nous ne pourrons pas vivre la vie de foi à laquelle nous avons été appelés.

Dans *La prière efficace*, nous voyons que la prière efficace

Ecouter Dieu

est un processus à double sens qui implique d'écouter Dieu pour découvrir sa volonté d'une manière générale et de prier cette volonté révélée afin de voir ses plans s'accomplir. La prière consiste surtout à nous conformer à la volonté de Dieu, à ses plans, plus qu'à lui présenter nos propres pensées. Nous devons donc chercher à recevoir la révélation de Dieu avant de prier.

Dans Le *Ministère dans l'Esprit*, nous avons reconnu que le service chrétien efficace dépend de croyants qui écoutent Dieu pour recevoir personnellement ses instructions et sa direction. Chaque fois que nous parlons ou agissons sans avoir auparavant écouté sa Parole, nous exerçons le ministère avec présomption: nous développons notre ministère plutôt que son ministère; nous exerçons le ministère dans la chair plutôt que dans l'Esprit.

Dans *Le règne de Dieu*, nous avons vu que la venue du Royaume de Dieu dans et avec Christ signifie que l'ère de l'obéissance légaliste aux règles et aux régulations de l'Ancien Testament, y compris les dix commandements, a pris fin. L'arrivée soudaine du Royaume de Dieu est la venue, par Christ, du règne personnel du Père: ses enfants rachetés sont appelés à une vie d'obéissance à l'évangile. Il s'agit d'une obéissance à la volonté particulière de Dieu dans chaque circonstance et situation. Cette obéissance est personnelle et c'est Dieu qui nous rend capables de la vivre.

Avant la venue de Christ, il était possible de connaître les exigences légales de Dieu sur la base de la loi de Moïse. A partir de Christ, il n'a été possible de connaître le règne personnel de Dieu qu'en écoutant Dieu attentivement, dans l'Esprit, pour pouvoir entendre sa volonté et sa Parole. Lorsqu'aujourd'hui, l'Eglise ou un croyant négligent d'écouter Dieu, il est presque inévitable qu'ils tombent dans la licence ou dans le légalisme.

Le processus de l'écoute
L'un des stratagèmes de base de l'ennemi consiste à tromper les croyants en leur faisant penser que certains aspects parmi

L'écoute prophétique

les plus importants de la vie chrétienne sont des événements définis plutôt que des processus.

La grande vérité selon laquelle la mort expiatrice de Christ est arrivée une fois pour toutes ne signifie pas que tous les aspects de notre foi sont des événements ponctuels et uniques de la même nature. Par exemple, nous remarquerons dans *Le salut par la grâce* que la conversion est un processus; nous nous concentrons dans *Une foi vivante* sur le processus de la foi, et nous établissons dans *Connaître l'Esprit* et *Le Ministère dans l'Esprit* que la communication des dons de grâce est un équipement donné en continu.

Il en est de même avec l'écoute de Dieu. Le diable essaye de tromper les croyants en leur suggérant toute une série de mensonges. La plupart de ces fausses croyances sont basées sur l'idée que l'écoute de Dieu est une activité occasionnelle plutôt qu'un processus qui dure toute une vie.

Le diable suggère, par exemple, que si Dieu a un message, il est tout à fait capable de nous le transmettre de manière si forte et claire qu'il pénétrera notre conscience quoi que ce soit que nous fassions. L'implication démoniaque de ce raisonnement est que nous n'avons pas besoin d'écouter Dieu parce qu'il s'arrangera toujours pour se faire entendre s'il a quelque chose à nous dire.

Le diable nous pousse à penser que Dieu est trop affairé ou qu'il est réticent ou trop saint pour nous parler et que nous avons par conséquent besoin de mendier une réponse de sa part.

L'ennemi nous fait croire que si nous supplions Dieu suffisamment longtemps, peut-être qu'il daignera nous parler, juste une fois de temps en temps. Il laisse entendre que Dieu ne nous parle qu'en de rares occasions. Ainsi nous pensons qu'écouter Dieu est un événement exceptionnel plutôt qu'une activité incessante. Son but diabolique est de nous empêcher d'écouter en nous persuadant de supplier Dieu de nous parler, alors que c'est tout à fait inutile.

Ce livre se réfère souvent à l'écoute prophétique. Cela ne

Ecouter Dieu

signifie pas qu'il y a plusieurs formes d'écoutes dont entre autres « l'écoute prophétique ». L'expression « écoute prophétique » est simplement une manière de souligner que l'écoute de Dieu est un processus qui s'inscrit aussi dans le processus plus général de la prophétie.

Par exemple l'écoute de Dieu est:

- ◆ Active et non passive – nous n'écoutons pas Dieu comme nous écouterions un morceau de musique – pour nous distraire. Au lieu de cela nous l'écoutons comme un pilote en formation écouterait son instructeur – afin de recevoir des directives.

- ◆ Relationnelle et non fonctionnelle – nous n'écoutons pas Dieu comme nous écouterions un opérateur sur une ligne téléphonique de service après-vente, utile mais anonyme; nous écoutons plutôt Dieu comme un enfant écoute ses parents.

- ◆ Continuelle et non occasionnelle – nous n'écoutons pas Dieu comme nous écouterions la radio, quand nous le voulons et comme nous le voulons; au lieu de cela nous l'écoutons continuellement, nous écoutons Dieu, nous ne cherchons pas à entendre Dieu.

- ◆ Enracinée dans le prophétique – nous écoutons Dieu comme les prophètes d'autrefois, dans une relation de serviteur, ointe et intime, prêts à agir sur les paroles de Dieu.

L'écoute prophétique
Les termes français « prophète », « prophétie », « prophétiser » et « prophétique » viennent des deux mots grecs *pro*, « en avant » et *phemi* « parler ». Ils signifient « proclamer » la pensée et le conseil de Dieu.

L'expression « écoute prophétique » ne fait pas seulement

L'écoute prophétique

allusion à la phase d'écoute dans le processus prophétique mais elle fait aussi ressortir que nous écoutons la proclamation de la pensée et du conseil de Dieu.

L'écoute prophétique ne correspond pas à l'écoute au sens général et physique des sons que nous pouvons entendre. Il s'agit d'une concentration spirituelle, par la foi, sur la pensée et le conseil personnels de Dieu, sur sa Parole et sa volonté révélées. Bien que ce livre cherche à offrir certains des conseils pratiques et des principes bibliques sur la manière dont nous écoutons Dieu, il met l'accent d'un bout à l'autre sur le fait que Dieu parle, c'est-à-dire sur la manière dont il communique sa sainte Parole et sa volonté.

Cela signifie que l'écoute prophétique n'est pas une écoute du silence, ni même une attente silencieuse que Dieu nous parle. Il s'agit plutôt d'une écoute spirituelle active du Dieu qui est toujours en train de communiquer.

Cette série *Epée de l'Esprit* met constamment l'accent sur l'appel prophétique du peuple de Dieu et souligne l'importance de construire notre foi et notre doctrine sur une compréhension exacte de l'Ancien Testament.

Dans cette série, nous avons appris que nous devions dépendre entièrement de l'onction de l'Esprit et que nous devions vivre un partenariat authentique avec le Saint-Esprit. Nous avons aussi souvent noté que les prophètes de l'Ancien Testament sont fondamentaux pour notre compréhension de la foi et du ministère.

Dans ce livre, nous étudierons avec encore plus d'attention l'Ancien Testament et les prophètes de la première église, pour apprendre d'eux ce qui concerne l'écoute de Dieu. Cela nous aidera à voir comment notre écoute «prophétique» devrait être appliquée dans l'église aujourd'hui. Nous considérerons les prophètes aux chapitres cinq et six et l'application prophétique de notre écoute dans les chapitres sept à neuf.

Apprécier le processus d'écoute
Dans les chapitres deux à neuf, nous étudierons divers aspects

du processus d'écoute prophétique. Nous considérerons le Dieu qui parle, les manières dont il parle, et le but qu'il poursuit en parlant. Nous observerons comment les prophètes de l'Ancien Testament écoutaient Dieu et nous verrons ce qu'ils ont fait avec la révélation qu'ils recevaient. Nous étudierons le ministère prophétique de Jésus et son exemple d'écoute. Nous examinerons l'enseignement biblique sur les manières dont nous devrions écouter prophétiquement aujourd'hui et dont nous devrions gérer la révélation que nous recevons dans l'Eglise.

Bien que chaque chapitre se concentre sur un aspect différent du processus de «Dieu qui parle – les croyants qui écoutent», il y a certains principes généraux dont nous devrions nous rappeler à chaque étape de ce processus.

1. Reconnaître que le Dieu vivant nous parle
Lorsque nous commencerons à comprendre que nous avons le privilège d'écouter personnellement le Dieu Tout-Puissant, le Créateur du ciel et de la terre, le grand rédempteur plein de grâce de l'humanité, notre conception de l'écoute prophétique se remplira d'émerveillement, comme une toile de peintre reçoit des couleurs et des formes.

Le Dieu vivant qui nous exprime sa pensée et son conseil est le même Dieu puissant qui a fait l'humanité à son image et est entré dans une relation de grâce avec les Patriarches. Il est le Dieu qui a partagé la mer Rouge, a pourvu à la Loi et a protégé son peuple dans le désert. Il est le Dieu qui a frappé Jéricho, Goliath et Sanchérib, qui a envoyé du feu sur le mont Carmel et fermé la gueule des lions. Il est le Dieu qui est venu en chair, a sacrifié son Fils, l'a ressuscité des morts et a répandu son Esprit sur l'Eglise.

C'est ce grand Dieu qui parle aujourd'hui, personnellement, en privé, spécifiquement, avec amour, grâce, et continuellement. Toutefois nous devons prendre garde que notre confiance dans sa bonne volonté de nous parler ne se transforme pas en présomption, en familiarité exagérée et en complaisance.

L'écoute prophétique

L'un des fondements essentiels de toute écoute prophétique est un sens profond de sincère et immense respect à la pensée que le Dieu vivant et plein d'amour communique vraiment avec nous. Nous devons simplement nous souvenir et prendre conscience de qui est celui que nous écoutons et le reconnaître comme tel.

2. Réaliser qu'en écoutant Dieu nous le servons

Parce que c'est Dieu qui nous appelle à l'écouter, non seulement notre écoute contribue à nous édifier, nous réconforter, nous équiper et nous guider, mais encore elle exerce un ministère auprès de Dieu lui-même. Actes 13:2 rapporte par exemple que les prophètes et les enseignants qui se trouvaient à Antioche «servaient le Seigneur dans leur ministère» en écoutant le Saint-Esprit leur parler.

Beaucoup de croyants ne réalisent pas que leur écoute est un ministère qu'ils exercent auprès de Dieu. Cela vient peut-être de ce qu'ils se concentrent trop sur ce qu'ils recevront dans le processus d'écoute. Nous devons faire attention de ne pas écouter dans des buts égocentriques.

L'écoute prophétique est relationnelle plutôt que fonctionnelle, et Dieu nous appelle à l'écouter pour approfondir notre relation avec lui. Cela signifie que notre écoute prophétique bénit Dieu autant qu'elle nous bénit. Saisir cette vérité agira sur nous comme un stimulant extraordinaire pour écouter Dieu.

3. Se rappeler quel est le but premier de la révélation

Dans le chapitre trois, nous apprenons que Dieu parle essentiellement pour se révéler à nous. Sa révélation est toujours une révélation de lui-même. Il nous parle premièrement afin que nous puissions le connaître mieux et deuxièmement afin que nous puissions savoir que dire ou que faire dans une situation particulière.

Lorsque nous commençons à considérer les principes bibliques qui nous aident à gérer la révélation prophétique et

Ecouter Dieu

lorsque nous nous concentrons sur les détails de ce que Dieu dit, nous ne devons pas oublier le contexte plus général de la révélation.

Chaque fois que nous considérons un aspect quelconque de la proclamation de Dieu et de notre écoute prophétique, nous devons nous rappeler que la caractéristique principale du processus parler/écouter est toujours que nous puissions le connaître plus intimement et exactement.

4. Répondre dans l'obéissance

Il ne sert à rien d'écouter Dieu sans être d'accord de lui obéir et sans être prêts à agir sur sa Parole.

Dans *Une foi vivante*, nous avons vu que le processus de la foi implique l'écoute, la foi, la confession et le fait d'agir sur la Parole de Dieu.

La foi n'est pas biblique tant que chaque étape de ce processus de foi n'est pas en place.

La semence de la foi vivante de Dieu ne parviendra pas à la maturité en nous si nous ne la nourrissons pas en obéissant, en confessant sa Parole et en agissant par rapport à ce qu'elle nous demande de faire.

Il en est de même dans le processus d'écoute. Il ne nous sert strictement à rien d'écouter Dieu si nous ne démontrons pas notre foi en obéissant à sa Parole. Dans ce livre, en considérant «l'écoute de Dieu» à l'intérieur du processus prophétique, nous mettons l'accent sur la vérité selon laquelle toutes les révélations que nous recevons doivent se traduire dans des actes. Nous examinons cet aspect dans les chapitres sept à neuf.

5. Comprendre le processus que Dieu utilise pour parler

La phrase «écouter Dieu» présuppose que Dieu parle. Mais comme Dieu est un être spirituel, il ne parle pas normalement de manière audible avec une voix physique que nous entendons avec nos propres oreilles.

Au lieu de cela il parle habituellement d'une manière qui

L'écoute prophétique

n'est pas physique mais que nous entendons dans notre esprit par la foi.

Ce livre se concentre sur la manière dont Dieu communique, parce qu'une compréhension biblique du processus de la révélation divine est essentielle pour pouvoir éviter l'erreur, la tromperie et la manipulation.

Nous ne pouvons commencer à reconnaître la voix de Dieu que lorsque nous savons comment il parle. Mais lorsque nous ignorons le processus de la révélation prophétique cela nous rend vulnérables à toutes sortes de fausses proclamations et à l'influence de voix impies.

6. Développer un cœur qui écoute

Nous avons insisté sur le fait qu'écouter Dieu est un processus continu. Cela revient à dire que nous devrions développer un «style de vie d'écoute» ou un «cœur qui sait entendre». L'écoute de Dieu est en effet un fondement de la vie ou de la foi des croyants.

1 Rois 3:4–14 décrit comment Dieu a parlé à Salomon dans un rêve et lui a accordé tout ce qu'il lui avait demandé. 1 Rois 3:9 rapporte que le nouveau roi avait demandé «un cœur qui comprend» afin qu'il puisse «discerner le bien du mal».

Bien que le mot hébreu *bin* puisse être traduit par «compréhension» ou «discernement», il fait allusion à une réception ou une écoute continuelle de la compréhension divine plutôt qu'un don de sagesse reçu une fois pour toutes. Cela signifie que Salomon demandait un cœur qui sache entendre plutôt qu'une connaissance encyclopédique ou une réserve miraculeuse de sagesse. C'est pourquoi Dieu s'était tant réjoui de la requête de Salomon.

Dans Jean 14:13, Jésus nous parle d'une manière assez semblable à celle dont Dieu a parlé à Salomon, en nous promettant de nous donner tout ce que nous demanderons en son nom. Il n'y a sûrement pas de requête plus adaptée aux paroles de Jésus rapportées dans Jean 14 à 16 que ce «cœur qui sait entendre».

Ecouter Dieu

A ce point de notre étude des divers aspects de l'enseignement biblique sur ce que Dieu proclame et notre écoute prophétique, nous ferions bien de demander à Dieu de nous donner un cœur qui entend. De notre côté, nous devrions faire, suite à cette prière, tout ce que nous pouvons pour développer cette sainte attitude dans nos vies.

Chapitre Deux

Le Dieu qui communique

Il devrait être évident que celui qui veut écouter Dieu a besoin de savoir qui Dieu est, à quoi il ressemble, et comment il communique à notre époque. Si nous ne le connaissons pas, nous ne saurons pas comment l'écouter. Certaines personnes pensent que Dieu est un objet matériel, par exemple une idole: ils vont donc s'approcher de cet objet pour essayer de l'écouter.

D'autres pensent que Dieu est associé à des entités naturelles comme le soleil, la lune, les arbres, les pierres, les rivières et les fleuves, si bien qu'ils s'approchent de ces objets pour tenter d'écouter sa voix. Et beaucoup de gens pensent que Dieu n'est qu'une force impersonnelle et invisible qui ne fait que maintenir l'univers en mouvement. De ce fait ils ne chercheront même pas à l'écouter.

Bien sûr, comme le Psaume 115:2–7 le montre avec beaucoup de mépris, ces dieux païens ne peuvent même pas «marmonner à travers leur gorge».

Quel contraste avec le Dieu vivant de la Bible qui communique clairement par «révélation» divine, avec le monde qu'il a créé. De Genèse 3:1 à Apocalypse 22:17, à presque chacune de ses pages, la Bible montre Dieu en train de parler. En fait, l'expression «dit le Seigneur» est la phrase la plus courante de la Bible.

Dans *Connaître le Père*, nous avons vu que la Bible n'essaye jamais de prouver l'existence de Dieu. Elle ne fait qu'affirmer le fait de son existence comme étant une réalité évidente. Même un livre de l'Ancien Testament comme celui d'Esther, qui ne mentionne pas Dieu directement, sous-entend clairement qu'il existe.

Ecouter Dieu

Plutôt que définir Dieu, la Bible nous le présente. Sa révélation est personnelle plutôt que propositionnelle et le révèle dans le contexte de sa relation avec des gens ordinaires. La Bible met en scène des situations nouvelles et des événements qui nous posent des questions sur le caractère de Dieu et nous révèlent les diverses manières dont il communique.

Par exemple, le cantique de Moïse a été composé immédiatement après la fuite miraculeuse d'Israël hors d'Egypte. La question rhétorique posée dans Exode 15:11 montre que le peuple de Dieu venait d'être convaincu que Dieu était tout puissant et qu'il méritait leur entière allégeance. Ils ne se sont pas arrêtés pour se demander si les autres «dieux» existaient réellement. Il leur suffisait de savoir que Yahvé avait révélé qu'il était réel et puissant par la délivrance qu'ils avaient vécue.

En commençant par l'extraordinaire traversée de la Mer Rouge, l'Ancien Testament fait le survol d'environ 800 ans d'histoire entre Dieu et son peuple. Finalement, les défaites d'Israël et son déclin ne l'ont pas conduit à la conclusion que *Yahvé* était faible ou ne se souciait pas d'eux, ni même à penser qu'il n'était qu'un dieu parmi les nombreux dieux nationaux des peuples qui les entouraient. Au lieu de cela, la manière dont Dieu s'est occupé de son peuple culmine dans la révélation majestueuse d'Esaïe 44:6.

En particulier, l'Ancien Testament contient trois approches de la réalité divine qui distinguent Israël des autres nations de l'époque dans leur compréhension de Dieu. Ces trois pensées sont fondamentales par rapport à la révélation biblique et ont encore leur importance aujourd'hui.

Dieu n'est pas visible
Toutes les nations qui entouraient Israël donnaient à leurs dieux une forme d'idole, habituellement celle d'un animal. Le dieu cananéen *Baal*, par exemple, était généralement représenté par un jeune taureau. Dans l'ensemble de l'Ancien Testament, nous voyons qu'Israël a toujours été soumis à une

Le Dieu qui communique

pression considérable, celle de transformer *Yahvé* en une idole visible.

Exode 32:1-35 et Deutéronome 9:7-21 rapportent qu'alors que Moïse était sur le Mont Sinaï en train d'écouter Dieu et de recevoir la Loi, le peuple était occupé à fondre leurs bijoux pour leur donner la forme d'un veau qu'ils prévoyaient d'adorer. Ils pensaient qu'il serait plus facile de parler à un dieu qu'ils pourraient voir.

La question des dieux visibles devint un problème plus important suite à la division d'Israël en tant que nation unique en deux parties, Israël et Juda. 1 Rois 12:28-33 décrit comment le roi d'Israël, Jéroboam, construisit des taureaux en or à Béthel et à Dan pour gagner le soutien de ses sujets cananéens. Jéroboam justifia cela en suggérant que les idoles étaient le pendant de l'arche de l'alliance à Jérusalem, qui donnait une forme visible au Dieu invisible. Nous trouvons dans 1 Rois 14:7-16 la sentence sévère que Dieu prononce finalement sur le roi Jéroboam.

La vérité du Dieu invisible traverse tout l'Ancien Testament. Exode 20:4-5, Deutéronome 5:8-9 et Esaïe 44:9-20 démontrent à quel point il était erroné de créer la moindre statue ou idole pour l'adorer.

Les implications sont claires pour notre «écoute» aujourd'hui. *Yahvé* ne communique tout simplement pas avec nous à travers un quelconque objet inanimé ou fabriqué par l'homme. Nous ne devons pas penser qu'un objet de dévotion quelconque, médaille, crucifix, statue ou autre ne pourra jamais nous servir à mieux entendre Dieu ou à nous amener plus près de lui. Dieu s'oppose toujours fermement à toute forme d'idole.

Dieu n'est pas une force de la nature
Beaucoup de nations autour d'Israël utilisaient les dieux pour expliquer les saisons et les caractéristiques du temps. Ils pensaient par exemple que le tonnerre et les éclairs pouvaient correspondre à un dieu et que les crues annuelles du Nil

pouvaient être le fait d'un autre dieu. Beaucoup de nations associaient leurs dieux au cycle des pluies qui arrosaient leurs cultures.

Mais *Yahvé*, le Dieu vivant d'Israël, est au-delà de la nature et ne fait pas partie de la nature. Il est le Créateur de toutes choses et celui qui soutient toutes choses. Il ne doit être identifié à aucune partie de sa création.

Bien que l'Ancien Testament utilise parfois des images poétiques pour décrire Dieu sous la forme de diverses forces de la nature, comme l'éclair et le feu, Dieu lui-même ne peut être identifié à aucun aspect du monde naturel. Nous le voyons par exemple dans Exode 19:18, Deutéronome 4:32–36, 1 Rois 19:11–13, Psaume 104:1–7 et Ezéchiel 1:24–28.

Encore une fois, ce que nous observons trouve de manière évidente une application lorsqu'il s'agit de recevoir une révélation de la part de Dieu. Certaines personnes supposent qu'elles sont plus proches de Dieu dans une église, dans un bâtiment fait par la main des hommes. D'autres pensent qu'elles sont plus proches de Dieu dans un bois ou un champ. Rien de tout cela n'est vrai. Ces deux conceptions tirent leur origine d'idées païennes sur les dieux auxquels Israël devait résister et que l'Eglise doit encore remettre en question aujourd'hui.

Ceci dit, il est évident que nous pouvons très bien entendre Dieu nous parler lorsque nous sommes dans des bâtiments faits de main d'homme ou lorsque nous sommes en plein-air. Mais ce n'est pas parce que nous sommes dans de tels endroits que nous l'entendons parler.

Dieu n'est pas abstrait
Comme *Yahvé* est au-delà de toute description humaine et qu'il est bien plus grand que la somme de toute l'intelligence humaine, la Bible n'essaye jamais de définir Dieu en termes humains.

Aucune formule de physique ou philosophique ne pourra jamais donner la clef qui permet de comprendre Dieu, ou d'avoir accès aux profondeurs de son être, ou d'écouter sa pensée ou son conseil.

L'Ancien Testament n'essaye pas d'analyser Dieu ni même de se demander de quoi Dieu pourrait bien être composé. Cette sorte d'approche abstraite était complètement étrangère au concept qu'Israël avait de Dieu. Contrairement aux autres nations qui l'entouraient, le peuple d'Israël ne pensait pas à Dieu en termes métaphysiques mais explorait plutôt en quoi il répondait à leur vie et leur expérience humaine.

Nous pouvons définir quelqu'un en décrivant son apparence, son âge, sa couleur, sa taille, son poids etc. Ces informations pourront servir à former une image mentale exacte de la personne mais ne révéleront rien de bien remarquable à son sujet. Il est beaucoup plus utile de décrire quelqu'un en expliquant comment cette personne réagit dans des circonstances particulières, en faisant ressortir ses capacités et sa personnalité, en racontant un incident qui illustre son caractère, et en relevant quelques phrases typiques de son langage. Et c'est ainsi qu'Israël décrit Dieu dans l'Ancien Testament.

A quoi ressemble Dieu?
Toute la Bible est une tentative de Dieu de se présenter à nous. Chacun des 39 livres de l'Ancien Testament et des 27 livres du Nouveau Testament décrit les différentes manières dont Dieu se révèle à son peuple.

Les premiers chapitres de la Genèse décrivent la révélation de Dieu par la création. Puis jusqu'au livre de Néhémie la Bible contient une série de longs récits historiques compliqués qui couvrent près de 2000 ans d'histoire entre Dieu et la nation d'Israël, du temps d'Abraham au milieu de l'Age de Bronze jusqu'à l'Empire de Perse et environ deux siècles avant Jésus-Christ.

En plus de ces révélations par la création et l'histoire, l'Ancien Testament contient aussi beaucoup de livres qui montrent comment Dieu se préoccupe de circonstances plus

Ecouter Dieu

ordinaires de la vie quotidienne, à la fois en ce qui concerne la société en général et la vie personnelle des individus. Nous retrouvons ces éléments dans des livres tels que Ruth, Esther, Job, Jonas, les Proverbes et les Psaumes, et dans tous les livres prophétiques d'Esaïe à Malachie.

En utilisant une grande variété de styles littéraires, l'Ancien Testament offre des perspectives nombreuses et diverses sur la manière dont Dieu communique avec son peuple. Il y a toutefois trois thèmes divins majeurs qui dominent l'Ancien Testament. Ce sont des sujets fondamentaux en ce qui concerne la relation d'Israël avec *Yahvé*.

Si nous voulons écouter Dieu, nous devons apprécier le contenu de ces thèmes bibliques. Car nous avons besoin de savoir à quoi *Yahvé* ressemble pour comprendre comment il nous parle.

Dieu est actif

L'Ancien Testament déclare que Dieu se rencontre au sein même de la vie d'Israël en tant que nation. En fait la seule signification possible de l'histoire, c'est que Dieu est actif. La vie n'est pas un cycle sans signification d'événements aléatoires. La vie s'inscrit dans un dessein, un but qui se fonde dans le caractère de Dieu. Dieu communique par les événements de l'histoire.

Des jours de Noé à ceux de Néhémie, l'Ancien Testament révèle que *Yahvé* contrôle l'histoire et qu'il communique sa volonté par l'histoire.

Tout ce qui arrive, bien ou mal, fait partie du but de Dieu pour son peuple. C'est cette conviction qui est sous-jacente et donne une forme à la façon dont l'Ancien Testament comprend et interprète les événements.

Nous pouvons dire que l'activité de Dieu ressort de quatre croyances fondamentales qui s'expriment dans l'Ancien Testament:

Le Dieu qui communique

Dieu choisit activement son peuple
On peut considérer la migration d'Abraham depuis la Mésopotamie comme un des nombreux cas de migrations du même type à cette époque. Toutefois, du point de vue biblique, le déplacement d'Abraham faisait partie du plan de Dieu.

La promesse de Dieu dans Genèse 12:3 était la force motrice de la vie d'Abraham. Cela montre que *Yahvé* voulait utiliser Abraham pour partager son amour avec le monde entier. Cette conviction domine et explique le déroulement de l'histoire d'Israël et se trouve au coeur de la foi biblique.

Certaines personnes essayent d'expliquer la sortie d'Egypte en se référant à la géographie et la démographie de cette région. Mais pour la Bible, l'Exode est simplement une révélation de Dieu lui-même. Sans son intervention active, cet événement n'aurait pas pu prendre place.

Dans toute la Bible, nous pouvons observer que le peuple d'Israël s'est constamment référé à l'histoire de l'Exode pour se souvenir du caractère de Dieu. Cet événement leur rappelait que *Yahvé* était actif dans l'histoire et leur apportait un aperçu d'une valeur inestimable sur la nature de son activité.

Dieu aime activement son peuple
Les récits du livre de l'Exode soulignent non seulement comment Dieu a activement choisi son peuple, mais mettent aussi l'accent sur son amour actif envers lui. Les esclaves étaient affaiblis, leurs leaders étaient sans expérience et les Egyptiens étaient puissants: si Israël s'était appuyé sur des capacités humaines, l'Exode aurait été un échec.

Des passages tels que Deutéronome 26:7-8 montrent que les générations successives de Juifs ont considéré un Dieu à l'écoute et plein d'amour comme la seule explication possible de la sortie d'Egypte. Pour eux, l'Exode n'était pas seulement une claire démonstration de la puissance de Dieu, mais aussi une expérience communicatrice – révélatrice – de son amour.

L'Exode concernait des gens qui ne pouvaient plus se sauver eux-mêmes. La Bible utilise ce fait pour nous faire

Ecouter Dieu

garder en mémoire que Dieu désire particulièrement prendre soin des victimes d'une injuste oppression. Dieu nous donne son amour afin que nous puissions le partager avec ceux qui sont dans le besoin et qui souffrent: il ne nous le donne pas seulement pour notre propre bénédiction personnelle.

Lorsque nous savons vraiment à quoi Dieu ressemble en réalité, nous commençons à apprécier les principes divins éternels qui se trouvent derrière ses paroles. Par exemple, nous n'avons pas besoin d'entendre une voix audible nous diriger pour prendre soin des oppressés parce que les Ecritures révèlent qu'il s'agit là du cœur de Dieu pour toutes les époques. Nous pouvons dire que ce principe fait partie de la volonté générale de Dieu. Toutefois nous avons besoin d'écouter ses instructions pour savoir comment nous devons exprimer sa préoccupation dans chaque situation, c'est à dire pour connaître sa volonté particulière.

Comme nous le verrons dans les chapitres trois et quatre, les principes divins sont fermement établis dans les Ecritures mais Dieu les applique, par l'Esprit, de diverses manières aimantes qui peuvent varier selon les situations données.

L'activité de Dieu est infiniment puissante
La puissance divine domine toutes les actions de Dieu et sa manière de communiquer dans les Ecritures. *Yahvé* n'agit pas puissamment seulement pour sauver son peuple de l'esclavage mais il contrôle aussi toutes les puissances des nations et de la nature.

Dieu a parlé à Moïse par le buisson ardent. Il a maudit l'Egypte par des plaies. Il a partagé les eaux des rivières et des mers. Il a pourvu à la nourriture et à l'eau dans le désert. Et il a utilisé les nations païennes environnantes pour accomplir ses plans, parfois de jugement, parfois de bénédiction, mais toujours pour révéler son dessein d'amour pour son peuple choisi.

Lorsque nous écoutons Dieu, nous devons toujours nous rappeler que celui qui est en train de nous parler est le Dieu

Le Dieu qui communique

Tout-Aimant et Tout-Puissant. Cette prise de conscience devrait transformer notre désir d'écouter Dieu, notre persistance et notre patience dans notre écoute de sa voix et notre confiance dans l'efficacité de ses paroles.

L'activité de Dieu est toujours parfaitement juste

La Loi est un autre signe de l'activité de Dieu. Cela nous montre que la manière dont Dieu communique est toujours en accord avec son propre standard de justice et n'est jamais arbitraire ni imprévisible. La moralité et la justice sont toujours au centre de la manière dont Dieu s'occupe de son peuple.

Exode 3:2-22 et Esaïe 6:1-5 décrivent les visions divines que Moïse et Esaïe ont reçues dans le désert et dans le temple. Ces passages rapportent qu'ils n'ont pas été impressionnés par les aspects surnaturels de cette expérience. Ils ont au contraire répondu à la révélation de Dieu en confessant leur insuffisance personnelle face à sa perfection morale.

Cela nous montre que nous devons accepter de faire face aux exigences de la justice de Dieu lorsqu'il nous parle, que ce soit dans le temple, l'histoire, la nature ou notre expérience quotidienne. Lorsque nous écoutons Dieu, nous devons nous attendre à ce qu'il s'occupe de nos péchés et de nos manquements, et ceci chaque fois qu'il nous donne ses instructions.

L'activité de Dieu

La manière active dont Dieu choisit, aime et dont il est puissant et juste domine tout l'Ancien Testament. Toutefois, au cours des générations, Israël et Juda semblent être devenus des nations toujours plus insignifiantes au point d'être écrasées par les grands empires qui les entouraient. Pour la plupart des Juifs ordinaires, cette situation devait leur laisser l'impression que c'était les grandes puissances étrangères qui contrôlaient la situation et non pas Dieu.

Beaucoup de croyants modernes ont de la peine avec les promesses de Dieu parce qu'ils sont confrontés à des

Ecouter Dieu

pressions sociales considérables et des problèmes personnels importants. Mais cette situation n'est pas nouvelle car le peuple d'Israël luttait avec les mêmes questions.

A quel point les paroles que Dieu avait adressées à Abraham s'appliquaient-elles à la situation présente d'un peuple qui vivait à l'ombre de grands empires? En quoi les œuvres de Dieu relatives à l'Exode correspondaient-elles au vécu des Juifs esclaves à Babylone? Si le peuple d'Israël avait été choisi par Dieu, pourquoi ne triomphait-il pas dans toutes ses batailles? Si Dieu contrôlait toutes choses, pourquoi des nations étrangères avaient-elles la main haute sur Israël?

Les prophètes de l'Ancien Testament donnèrent une réponse claire à toutes ces questions, une réponse qui est terriblement pertinente pour nous qui luttons dans notre écoute de Dieu et notre compréhension de sa volonté. Les prophètes enseignèrent que la révélation que Dieu donne de lui-même et son amour impliquaient de lourdes responsabilités. Le peuple d'Israël prospérerait tant qu'ils seraient fidèles. Mais ils devaient retourner à Dieu pour obtenir son pardon chaque fois qu'ils devenaient infidèles.

Le peuple d'Israël imaginait que les révélations que Dieu leur donnait étaient la démonstration qu'ils étaient les favoris de Dieu. Mais les prophètes savaient que l'intention de *Yahvé* était le salut et la bénédiction de tous les peuples, comme Dieu l'avait promis à Abraham dans Genèse 12:3. S'il était vrai qu'Israël avait reçu une faveur particulière et avait expérimenté de grandes œuvres de puissance, l'amour et la puissance de Dieu ne pouvaient opérer que dans le contexte de la justice de Dieu.

Nous ne faisons pas exception à la règle. Nos privilèges en tant que fils et filles de Dieu augmentent la responsabilité que nous avons de démontrer la justice de Dieu. Notre expérience du salut fait grandir notre devoir de témoin envers toutes les familles de la terre au sujet de l'amour et de la puissance de Dieu en tant que Sauveur.

La connaissance que les prophètes avaient de la volonté

Le Dieu qui communique

de Dieu par leur écoute prophétique les mettait souvent en conflit avec les dirigeants d'Israël. Les conseils qu'ils donnaient pouvaient paraître, parfois, contradictoires. Dans Esaïe 31:4-5, par exemple, le prophète conseille le roi en lui disant que Dieu protégera la nation d'Israël d'une invasion assyrienne. Alors que quelques générations plus tard, Jérémie annoncera le contraire, dans Jérémie 7:1-15.

Mais bien que ces annonces prophétiques fussent différentes, le principe prophétique sous-jacent était le même. Ces gens qui s'opposaient à Dieu, que ce soit l'Assyrie ou Juda, allaient être jugés. Cela signifie que l'exil à Babylone et la destruction de Jérusalem étaient autant des communications de Dieu que l'était la sortie d'Egypte. Nous le voyons clairement dans Jérémie 24:1-10.

Cela était difficile à comprendre pour les Juifs. Ils pensaient que Dieu était de leur côté. Mais toute la Bible explique pourquoi Dieu, parfois, donne l'impression d'abandonner son peuple. De la Genèse jusqu'à Malachie, de Matthieu à l'Apocalypse, le principe éternel divin est le même: la désobéissance mène au jugement, mais ce jugement est toujours enveloppé dans la grâce et le pardon. Il en est de même aujourd'hui.

Des passages prophétiques tels que le Psaume 47 et Amos 1:3 à 2:5 rappelaient aux Juifs qu'en dépit des apparences, Dieu contrôlait toutes les nations et non pas seulement Israël. Esaïe 44:1-20; 45:1-4; 47:1-15 et 49:6 déclarent que *Yahvé* est le Dieu du monde entier.

C'est la raison pour laquelle l'exil pour les Juifs n'était pas un signe de la défaite de Dieu mais révélait sa justice. La puissance de Dieu n'était pas amoindrie ni son amour épuisé. Car il avait promis de susciter un libérateur perse pour son peuple et d'accomplir sa promesse envers Abraham par son Serviteur, qui devait être une lumière pour les nations.

Cette brève description de l'activité de Dieu montre qu'écouter Dieu n'est pas un exercice spirituel comme isolé par rapport à notre vie de tous les jours. A travers l'histoire, le peuple de Dieu a rencontré le Dieu actif, qui parle et se révèle lui-même dans des situations pratiques. Il est glorieux lors de l'Exode et terrible au moment de l'exil.

Qu'importe si nos circonstances personnelles sont heureuses, terribles ou simplement quelconques, Dieu est toujours avec nous. Il nous parle. Il souffle sur nous des paroles qui donnent la vie et l'espérance.

Dieu est personnel
L'Ancien Testament ne met pas seulement l'accent sur le fait que Dieu est actif mais il souligne aussi qu'il est pleinement personnel. Nous considérons la nature plus personnelle de Dieu dans *Connaître le Père*. Bien que *Yahvé* communique effectivement par le grand souffle de l'histoire, il ne se met pas pour autant en relation avec les gens de manière impersonnelle et mécanique. Il s'intéresse profondément au monde et aux êtres humains et il n'est jamais loin des gens et de leurs besoins.

Tous les grands événements de l'Ancien Testament montrent avec force que Dieu n'est ni capricieux ni imprévisible. Il agit en accord avec sa propre nature. Il ne manipule pas les événements pour les faire tourner à son propre avantage. Au lieu de cela il agit avec grâce pour démontrer son grand amour. Il n'impose pas sa volonté pour arriver à ses propres fins. Au lieu de cela il agit parce qu'il est concerné par les gens et se soucie de leur bien.

Bien que l'Ancien Testament se concentre sur la manière dont Dieu communique personnellement avec son peuple d'Israël, et montre comment il leur parle en tant que nation ou groupe de gens, il serait erroné de penser que Dieu ne s'occupe des hommes que lorsqu'ils sont en grand nombre.

La révélation scripturaire de Dieu est fondée sur la préoccupation personnelle de Dieu pour Abraham et Sara alors qu'ils vivaient dans un pays hostile. La Bible montre ensuite que Dieu se soucie avec autant d'amour d'Agar et d'Ismaël, une esclave égyptienne et de son enfant, au moment où ils sont chassés de la maisonnée d'Abraham. Ensuite, Dieu

Le Dieu qui communique

protège Joseph en le sauvant de sa famille et des Egyptiens. Plus tard, nous voyons la grande préoccupation personnelle de Dieu pour des individus païens tels que Rahab, Ruth, Naomi et les habitants de Ninive.

Parmi les prières et les hymnes contenus dans les Psaumes, nombreux sont ceux qui révèlent comment les adorateurs en Israël savaient que Dieu s'intéressait personnellement aux détails de leur vie. Nous le voyons par exemple dans les Psaumes 13, 17, 23, 35, 51, 69, 86 et 139. Et la plupart des prophètes accentuent l'importance d'un engagement personnel envers le Dieu personnel.

Des images personnelles
La manière dont l'Ancien Testament fait ressortir la nature personnelle de Dieu se voit particulièrement bien dans les noms, les titres et les images utilisées pour décrire et identifier Dieu. Nous les considérons en détail dans *Connaître le Père*.

Le livre d'Osée illustre les relations personnelles de Dieu en utilisant l'image de relations brisées pour montrer la douleur qu'il ressent lorsqu'il communique de cette manière. Des passages tels que Exode 4:22; Esaïe 1:2; 49:15; 66:13; Jérémie 31:2; Ezéchiel 16:3-8; Osée 2:14-23 et 11:4 illustrent les rapports personnels de Dieu avec son peuple.

L'Ancien Testament décrit bien les relations personnelles de Dieu en utilisant l'image des relations familiales. Mais il montre plus souvent Dieu sous les traits d'un chef pour son peuple. Il est le roi, le Seigneur, le berger, le maître, le leader dans la bataille. Bien sûr, chaque image de Dieu est une tentative de décrire une personne divine qui dépasse toute description humaine. Chaque nom de Dieu ou image de Dieu suggère un aspect particulier de son caractère mais chacun de ses noms doit être compris dans le contexte de la totalité de tous ses noms.

Si nous nous concentrons sur les passages de l'Ancien Testament qui se réfèrent à Dieu comme à un mari ou à un Père, nous passons à côté du sens de grand respect et d'émerveillement qui remplit l'Ancien Testament. Mais si nous nous concentrons seulement sur Dieu en tant que maître ou monarque, nous courons le risque de donner de lui l'image d'un dictateur intransigeant.

Dieu est très différent des hommes et des êtres humains. L'Ancien Testament déclare que le pont jeté entre la perfection de Dieu et l'imperfection de l'humanité est construit par ses actes d'amour, de salut et de bénédiction. Et ces actes prennent tout leur sens lorsque l'on sait que Dieu n'est pas une force ou une volonté abstraite. Il est une personne avec tout ce que cela implique dans sa manière de parler et notre manière d'écouter.

Dieu est caché

L'Ancien Testament est dominé par une conviction. C'est que la nature de Dieu est révélée dans la manière dont il s'occupe de son peuple. A travers les Ecritures, les hommes et les femmes rencontrent Dieu dans leur quotidien. Il est clair que Dieu a un contact personnel avec les habitants de la terre plutôt qu'il n'est une divinité éloignée dans les cieux.

Aujourd'hui, beaucoup de gens luttent avec ces conceptions. Ils ne voient pas d'événements qui ressemblent à l'Exode. Ils n'ont pas d'expériences comme celle de Moïse dans le désert et d'Esaïe dans le temple. Ils se demandent donc si l'enseignement de l'Ancien Testament sur Dieu a un quelconque rapport avec leur vie moderne.

L'Ancien Testament se préoccupe de ces doutes en ajoutant un troisième élément à sa manière de dépeindre Dieu. Il le présente non seulement comme étant actif dans l'histoire et dans l'expérience personnelle mais aussi comme caché pour certains dans l'Ancien Testament. Et il semble bien qu'aujourd'hui aussi il soit caché pour beaucoup.

Les gens en Israël trouvaient souvent difficile de trouver la moindre trace de Dieu lorsqu'ils avaient besoin de son aide pour trouver un sens à leur vie. Les faits visibles de l'histoire ne leur donnaient pas toujours l'impression que Dieu fut Tout-Puissant et Tout-Aimant. Les détails de leur vie personnelle

Le Dieu qui communique

n'indiquaient pas toujours qu'un Dieu vivant et personnel communiquait avec eux avec amour.

En fait c'était souvent plutôt l'opposé qui arrivait. Les maux et les souffrances semblaient dominer leur vie autant qu'ils semblent avoir une influence sur la nôtre aujourd'hui.

Il y a peu de croyants qui trouvent difficile d'entendre Dieu et de comprendre sa volonté lorsqu'ils font l'expérience de miracles et de bénédictions flagrantes. Tout semble évident lorsque que Dieu est plus proche que n'importe quel ami humain.

Mais notre parcours spirituel n'est pas toujours semé de miracles surprenants et d'expériences surnaturelles. Il y a des moments où Dieu semble caché et où il est difficile d'entendre sa voix. Comme nous l'avons vu dans *Une foi vivante*, ces temps dans notre vie sont un élément essentiel du développement d'une foi mature.

L'Ancien Testament montre clairement qu'il y a des moments où Dieu semble tout sauf puissant et actif. Il semble au contraire perdu dans les profondeurs du désespoir humain. Cela apparaît particulièrement bien dans le livre des Psaumes.

Certains Psaumes célèbrent les œuvres puissantes de Dieu mais plusieurs expriment la douleur, la perplexité et la consternation. D'autres se plaignent de ce que les réalités de la vie ne semblent pas correspondre à ce que les récits du passé rapportent des œuvres de Dieu. Même les Psaumes qui expriment la confiance en Dieu reconnaissent aussi qu'il faut le rechercher dans les temps les plus sombres.

Une aliénation personnelle
Lorsque nous lisons la Bible, il est tentant de se concentrer sur des récits qui parlent de l'amour et de la puissance de Dieu. Toutefois la Bible rapporte aussi comment certaines personnes luttaient avec le fait que Dieu se cache. Par exemple:

- ◆ Abraham était un homme qui avait une grande foi mais qui trouvait souvent les intentions de Dieu étonnantes. Parfois Abraham pensait qu'il était

Ecouter Dieu

si difficile de réconcilier les plans de Dieu avec sa nature divine qu'il argumentait avec Dieu.

- Moïse a fait l'expérience de Dieu d'une manière exceptionnellement intime mais sa vie fut remplie de questions et de plaintes alors qu'il luttait pour réconcilier les promesses de Dieu avec les circonstances qu'il observait.

- Elie avait remporté une victoire célèbre au nom de Dieu au Carmel et avait expérimenté la puissance de Dieu de manière assez extraordinaire. Pourtant il lui sembla immédiatement après que Dieu l'avait laissé tomber. Il douta de l'amour et la puissance de Dieu et voulut mourir.

- Jérémie savait qu'il avait été choisi en tant que prophète et qu'il était aimé et protégé. Pourtant Dieu ne donnait pas l'impression de vouloir donner son soutien aux proclamations prophétiques de Jérémie. Pendant 25 ans, rien ne se passa après qu'il eut fidèlement annoncé la destruction de Jérusalem et Jérémie se demandait pourquoi il était né.

Le Dieu qui se cache est un thème majeur dans les livres de Job et de l'Ecclésiaste. Ils montrent que Dieu ne peut être connu par le secours de notre imagination mais dans la réalité d'une rencontre personnelle. Job plaida pour que Dieu lui parle, et Dieu finalement lui parla, mais pas de la manière à laquelle Job s'attendait.

En écoutant Dieu, Job comprit: qu'importe notre difficulté à comprendre les expériences les plus amères de la vie ou à percevoir quand Dieu est à l'œuvre, Dieu est quand-même là.

Les croyants qui n'acceptent pas les réponses toutes faites et qui persévèrent dans leur recherche et leur écoute de Dieu le rencontreront et entendront ses paroles.

Le Dieu qui communique

Des catastrophes nationales
Lorsque Jérusalem tomba entre les mains de Nebucanetzar, les attentes et l'espérance qu'Israël plaçait en Dieu furent détruites. Il semblait que les promesses de Dieu étaient tombées dans l'oubli, que Dieu était silencieux, que *Yahvé* n'était plus avec eux.

Une grande partie de l'Ancien Testament reflète l'étonnement des gens qui se demandaient comment un tel désastre pouvait être arrivé au peuple de Dieu dans un monde pourtant contrôlé par Dieu. D'après les prophètes, nous voyons que le peuple fut appelé à comprendre l'exil des Juifs à Babylone en acceptant simultanément deux idées différentes mais pas incompabibles:

1. Il y avait eu de grandes crises dans le passé et la forte puissance de Dieu avait souvent éclaté pour transformer la vie de ceux qui s'y attendaient le moins. L'Exode n'avait pas été une bénédiction inutile, il avait été la réponse de Dieu à l'esclavage et à une menace d'extinction de la population.

2. Les Juifs souffraient à cause de la désobéissance de leur nation. Un Dieu juste ne pouvait pas ignorer les fautes morales et l'injustice sociale de son peuple. Mais même si la justice de Dieu semblait pour le coup surpasser son amour, les prophètes annonçaient que Dieu serait fidèle à ses promesses et qu'il bénirait finalement Israël.

Toutefois il arrive assez souvent que l'Ancien Testament n'essaye pas d'expliquer pourquoi Dieu semble garder le silence et se cacher loin de son peuple. Il donne plutôt un message clair et pratique à des individus qui trouvent difficile d'écouter Dieu dans leur propre situation.

Quand les hommes et les femmes de la Bible contemplaient leur souffrance, ils étaient forcés de confesser que les voies de Dieu étaient étonnantes et difficiles à comprendre. Comme nous, ils durent apprendre que le modèle parfait de *Yahvé* correspond rarement à nos attentes imparfaites.

En plus de cela, toutefois, le peuple de l'Ancien Testament a aussi affirmé que Dieu avait communiqué puissamment dans

Ecouter Dieu

leur histoire et leur expérience personnelle. Cela leur donnait l'assurance que Dieu était actif, même s'il était momentanément caché par l'obscurité de leur situation humaine.

Les principes de la révélation
Nous avons vu que la révélation de Dieu s'inscrit dans le contexte de sa relation personnelle avec son peuple. Cela signifie que c'est en étudiant les rapports de Dieu avec les hommes que nous apprendrons comment nous recevons la révélation et comment nous écoutons Dieu.

Nous découvrons les profondeurs de son caractère en regardant comment il communique avec son peuple dans diverses situations pleines de défis. Par la foi, nous appliquons ensuite ces vérités à notre propre vie.

L'Ancien Testament part de deux hypothèses au sujet de Dieu qui déterminent la manière dont il communique avec son peuple. Ces deux hypothèses sont fondamentales pour notre compréhension de la révélation et de la manière pratique dont nous pouvons l'écouter.

Dieu agit par grâce
L'Ancien Testament utilise souvent des images humaines pour décrire Dieu. Il présente Dieu comme ayant des mains et des yeux, comme quelqu'un qui pleure et qui rit, etc. Mais même ainsi, il est clair que Dieu est différent des êtres humains.

Ses actions ne sont pas une rationalisation des comportements humains et il ne peut pas être bousculé, cajolé ni manipulé. Chaque fois que Dieu communique avec son peuple, c'est parce que c'est lui qui en a pris l'initiative.

L'initiative divine de la grâce est au centre de la compréhension biblique de la révélation. Chaque relation avec Dieu, chaque communication de Dieu se base entièrement sur son action personnelle prenant source dans sa grâce.

Dieu a choisi de s'engager envers toute l'humanité et nous avons vu qu'il a appelé Abraham pour lui permettre d'atteindre ce but. Dieu agissait entièrement librement dans

Le Dieu qui communique

cette entreprise, avec pour seule motivation celle de partager son amour plein de grâce avec tous les êtres humains qui vivent dans ce monde.

A chaque moment clef de l'histoire du salut, l'Ancien Testament met l'accent sur le fait que la grâce de Dieu est le point de départ de tout contact avec Dieu ou de toute révélation venant de Dieu.

Par exemple, l'Exode a lieu parce que Dieu voit l'affliction de son peuple et prend pitié d'eux et non parce que les esclaves le lui ont demandé. Des hommes et des femmes jouissent d'une communion avec Dieu à titre individuel à cause de l'initiative pleine de grâce de son amour et non parce qu'ils auraient un droit à cette communion ou une sorte de droit sur Dieu. Personne ne peut créer le sentiment de la présence de Dieu ou l'impression d'entendre sa voix. Il faut toujours que ce soit Dieu qui intervienne de l'extérieur.

Nous considérerons cette relation importante entre l'initiative gracieuse de Dieu et notre réponse dans l'écoute au chapitre quatre.

Dieu parle

En lisant l'Ancien Testament, on s'aperçoit que Dieu parle constamment. Les deux premières choses que nous apprenons sur Dieu dans Genèse, chapitre 1 sont les suivantes: il est créateur et orateur, et le fil de son discours s'entrelace avec celui de son action créatrice.

Cela laissera peut être certains penser que Dieu parle et communique essentiellement par ses actes puissants. Et l'Ancien Testament montre effectivement souvent que Dieu communique par ses actions dans l'histoire et l'expérience des hommes. Toutefois nous devons reconnaître que le discours de Dieu n'est pas à confondre avec son action.

Pour Israël, les événements de l'Exode correspondaient à une puissante révélation de sa nature et de sa volonté. Mais ils communiquèrent très peu de choses au sujet de *Yahvé* aux Egyptiens. Il faut quelque chose «en plus» pour transformer une action divine générale en une révélation divine personnelle.

L'un des faits le plus remarquable au sujet de l'Ancien Testament est que les prophètes d'Israël n'ont pas interprété les actions de Dieu pour le peuple rétrospectivement, ils les ont aussi annoncées à l'avance. Par exemple:

- Amos a dénoncé l'état de la société de Samarie et déclaré qu'elle prendrait bientôt fin alors qu'il n'y avait aucun signe qui pouvait le présager. En réalité à cette époque-là, la nation n'avait jamais été si prospère.

- Jérémie a annoncé la destruction de Jérusalem et le peuple a pensé qu'il était bien fou de suggérer une tournure des événements aussi peu plausible que celle-là. Rien ne semblait moins probable pour les observateurs contemporains de Jérémie.

- Moïse a annoncé l'Exode alors que les hébreux étaient encore esclaves de la nation la plus puissante de la terre.

Les prophètes ont persisté avec leur message, en devant souvent faire face au ridicule et à la persécution, parce qu'ils étaient convaincus que ce qu'ils disaient correspondait au message de Dieu pour son peuple, et parce qu'ils croyaient que Dieu agissait essentiellement par sa parole prononcée.

Ils savaient que leur proclamation obéissante et active des paroles qu'ils avaient entendues était une part vitale du processus créateur de Dieu.

L'écoute du «Dieu qui parle pour créer» était au cœur du ministère prophétique de l'Ancien Testament. Et la proclamation fidèle de la Parole de Dieu, habituellement par ses serviteurs, les prophètes oints de l'Esprit, était l'événement précurseur normal de l'activité créatrice de Dieu.

Comme nous le voyons dans *Une foi vivante* et *Le Ministère dans l'Esprit*, ce modèle n'a pas changé. La seule différence se trouve dans le fait que depuis la Pentecôte, le ministère prophétique a été ouvert à tout le peuple de Dieu. Et c'est

Le Dieu qui communique

la raison pour laquelle l'écoute du Dieu qui communique devrait être une part fondamentale de la vie de tout croyant prophétique et oint de l'Esprit aujourd'hui.

Ce partenariat entre «les croyants qui prononcent la Parole de Dieu» et «les actions créatrices de Dieu» est la raison pour laquelle nous nous concentrons sur l'écoute prophétique. C'est aussi la raison pour laquelle nous examinons ce thème «d'écouter Dieu» dans le contexte plus large du ministère prophétique. Cela souligne le fait que notre écoute n'est pas une activité passive mais plutôt une partie vitale du ministère de Dieu que l'on pourrait définir en termes de «parler pour agir».

Yahvé, le Dieu vivant d'Israël, n'est pas un être statique et isolé du monde qui dépareille avec le style de vie des gens ordinaires. Il est le Dieu Tout-Aimant, Tout-Puissant, Tout-Miséricordieux qui parle et agit. Ainsi toutes les familles de la terre peuvent avoir une relation riche et significative avec lui et les unes avec les autres. Et lorsque nous l'écoutons, nous devenons participants de son activité dynamique de révélation.

Notre appel à écouter Dieu est à la fois un privilège extraordinaire et une responsabilité immense. Comme les prophètes d'autrefois, nous sommes appelés dans la sainte présence de *Yahvé* pour entendre ses pensées. Puis nous sommes envoyés dans le monde pour prononcer ses paroles, afin que sa puissance créatrice puisse transformer les vies brisées et souffrantes qui nous entourent.

Chapitre Trois

La Parole de Dieu

Le Dieu de la Bible est le Dieu qui parle. Il n'est pas une idole muette incapable de communiquer avec son peuple, ni un automate qui se limiterait à répondre à des requêtes. Au lieu de cela, *Yahvé* est le Dieu plein de grâce qui prend toujours l'initiative: il parle, nous écoutons. Il se révèlera lui-même à tous ceux qui apprendront à l'écouter attentivement. Nous le voyons par exemple dans Psaumes 115:2–7, Esaïe 46:5–10, Habacuc 2:18–20 et 1 Corinthiens 12:2.

La Bible enseigne que Dieu communique avec nous par:

- La création – Psaumes 19:2–7; Romains 1:18–21
- Les événements historiques – 2 Chroniques 36:22–23; Psaumes 103:7; Esaïe 46:9–10 et Amos 2:9–10
- Les signes et les miracles – Deutéronome 6:22; Néhémie 9:10 et Actes 2:22
- Des événements naturels – 2 Samuel 21:1; Esaïe 29:6; Ezéchiel 38:19–20 et Matthieu 27:54
- La conscience humaine – Romains 2:14–15 et 9:1
- La raison et la logique – Esaïe 1:18; Matthieu 22:37 et Romains 12:2
- Les rêves et les visions – Genèse 28:12–15; Ezéchiel 37:1–13 et Actes 2:17
- Les serviteurs prophétiques – 1 Corinthiens 12:3 et 10; et 1 Thessaloniciens 5:20
- Les êtres angéliques – Zacharie 3; Luc 1:12–20 et 26–28

Ecouter Dieu

- Les Saintes Ecritures – Psaumes 19:8–12; 2 Timothée 3:16–17; 2 Pierre 1:19–21
- Jésus-Christ – Jean 1:18; Hébreux 1:1–3.

Dieu prend l'initiative de communiquer et parle par ces différents moyens surtout pour se révéler lui-même à nous. Il le fait afin que nous puissions le connaître et atteindre nos buts en tant qu'hommes et femmes dans ce monde.

Le mot scripturaire utilisé généralement dans la Bible pour désigner la communication de Dieu est le mot «Parole» et nous considérons ce terme de manière assez détaillée dans *Une foi vivante*. Si nous voulons écouter Dieu, si nous voulons entendre sa «voix» et savoir ce qu'il «dit», nous devons chercher à entendre sa «Parole».

L'Ancien et le Nouveau Testament se réfèrent souvent à «la Parole de Dieu» ou «la Parole du Seigneur» ou «la Parole» etc. C'est pourquoi il est important que nous comprenions exactement ce que la Bible entend par ce mot «Parole».

Dabar

Dans l'Ancien Testament, le mot hébreu *dabar* est utilisé pour se référer à «la Parole» de Dieu. *Dabar* signifie habituellement une communication orale de Dieu. Il se réfère à une communication écrite de sa part seulement dans le Psaume 119 où il est utilisé pour désigner les cinq premiers livres de l'Ancien Testament.

Lorsque nous disons que Dieu «parle», nous utilisons une métaphore. Dieu est un être spirituel qui ne possède pas littéralement une gorge, une langue, une bouche et des cordes vocales. Normalement, il ne communique pas avec une voix audible que nous pouvons entendre avec nos oreilles physiques et des événements semblables à celui rapporté dans Matthieu 3:17 sont rares. Au lieu de cela, Dieu «prononce» généralement sa Parole dans nos esprits afin que nous l'entendions spirituellement.

Dabar se rencontre souvent dans l'expression de l'Ancien Testament «la Parole du Seigneur fut adressée à» qui souligne

La Parole de Dieu

l'initiative de grâce de Dieu. Sa Parole vient d'abord à nous. Nous répondons ensuite avec reconnaissance en nous tournant vers sa Parole avec amour et dans l'obéissance à l'évangile.

Dabar signifie littéralement «ce qui se trouve derrière» et pointe sur la réalité divine qui se trouve derrière les paroles que nous «entendons» dans notre esprit. Cette «révélation de soi» est l'essence de ce qu'enseigne la Bible sur la «Parole» de Dieu et il est d'importance vitale que nous le saisissions. L'utilisation du mot *dabar* prouve que Dieu nous «parle» essentiellement pour se révéler lui-même à nous. Cela signifie que nous devrions écouter Dieu premièrement pour le connaître mieux lui-même et seulement en second lieu pour recevoir une direction pour nous-mêmes.

A l'époque de l'Ancien Testament, le *dabar* de quelqu'un, sa parole, était considéré à la fois comme une extension de sa personnalité et comme quelque chose qui avait une existence propre, une substance. Cela signifie que la Parole de Dieu est une révélation que Dieu donne de lui-même, de sa sainte personnalité. Et lorsque cette révélation est «dite», elle continue à exister de plein droit pour l'éternité.

La révélation de soi

Beaucoup de croyants modernes disent que «La Parole c'est la Bible». Malheureusement, cela peut laisser entendre que la Parole est limitée à la Bible. Il est donc plus exact de dire que «la Parole écrite est la Bible».

Comme la fonction principale de la Parole est la révélation de la nature éternelle de Dieu, elle doit s'exprimer sous plusieurs formes complémentaires pour pouvoir communiquer sa nature en toute exactitude. La plénitude éternelle de la Parole est beaucoup plus grande que quelque chose qui pourrait être exprimé sous une forme finie. Ainsi les Ecritures sont la forme écrite essentielle de la Parole de Dieu, et non la totalité de la Parole.

Certains leaders soulignent que la Bible est un «manuel de vie» et un «règlement pour l'humanité». Ils promettent le

Ecouter Dieu

succès à ceux qui vivent selon les exigences bibliques. Mais en mettant trop l'accent sur cette vérité nous pouvons passer à côté du but premier de la Bible, qui est de nous révéler Dieu.

Nous interprétons mal les buts de Dieu lorsque nous lisons la Bible simplement pour recevoir des instructions. Dieu nous a donné sa Parole écrite afin que nous puissions le connaître mieux. Il désire ainsi nous attirer plus profondément dans sa vie.

Le juste accent mis sur l'importance centrale des Ecritures a malheureusement conduit certains croyants dans une relation légaliste avec la Bible plutôt que dans une relation vivante avec Dieu.

Une juste conception de la Parole entière, qui est fondée sur la révélation essentielle de Dieu lui-même, conduit à de nombreuses convictions utiles. Par exemple:

- Nous commençons à apprécier pourquoi Jésus et l'Ecriture sont chacun appelé «la Parole».

- Nous réalisons pourquoi la Bible remplit la Parole de l'autorité divine de Dieu et de ses caractéristiques, comme dans Deutéronome 12:32; Psaumes 103:20; Esaïe 40:8; 55:11 et 1 Pierre 1:23–25.

- Notre approche de l'écoute de Dieu et notre proclamation de sa Parole se font d'une manière beaucoup plus «centrée sur Dieu», ce qui est plus biblique.

Logos et *rhema*

Dabar est utilisé à la fois pour décrire des communications spécifiques de Dieu et sa totale révélation de lui-même. Toutefois dans le Nouveau Testament, deux mots grecs différents sont utilisés. *Rhema* se réfère à des communications particulières de Dieu et *logos* pointe sur sa révélation totale de lui-même. Nous considérons ces nuances plus en détail dans *Une foi vivante*.

La Parole de Dieu

Jésus

Une fois que nous réalisons que Jésus est «la Parole de Dieu», en tant que révélation distincte et totale que Dieu donne de lui-même, nous pouvons commencer à penser la relation qui existe entre «écouter Dieu» et «la Parole de Dieu» d'une manière plus biblique.

Ecouter Dieu n'est pas réservé seulement aux gens instruits qui ont une compréhension intellectuelle de la Bible. Mais cela fait partie d'une relation vivante avec Jésus, à la portée de tous, quelle que soit leur capacité intellectuelle.

Cela ne signifie pas que les Ecritures n'ont pas d'importance, loin de là. Mais il est possible de lire la Bible en nous servant seulement de notre pensée humaine et de l'étudier uniquement à partir de notre potentiel intellectuel personnel. Beaucoup de gens font cela et déclarent que de cette manière ils connaissent la Parole de Dieu. Mais nous ne pouvons vraiment entendre Dieu dans notre esprit qu'avec l'aide du Saint-Esprit.

Bien sûr, le mot *logos* ne décrit pas seulement Jésus, il est aussi utilisé pour décrire la volonté révélée de Dieu d'une manière assez similaire à l'expression «la Parole de Dieu» utilisée dans l'Ancien Testament. Il est utilisé par exemple pour décrire:

- Une révélation directe de la part de Jésus – 1 Thessaloniciens 4:15

- La somme de toutes les paroles prononcées par Dieu – Marc 7:13; Jean 10:35

- La bonne nouvelle ou «l'évangile» qui concerne Jésus, communiqué avec son autorité et rendu efficace par sa puissance – Actes 8:25; 13:26 et 49; 14:3; 15:7 et 35–36; 16:32; 19:10; 1 Corinthiens 1:18; 2 Corinthiens 2:17; 4:2; 5:19; 6:7; Galates 6:6; Ephésiens 1:13; Philippiens 2:16; Colossiens 1:5; Hébreux 5:13.

Le mot logos est souvent utilisé pour désigner la «bonne nouvelle», «l'évangile». Dans le Nouveau Testament, l'Evangile

Ecouter Dieu

est essentiellement une présentation de Jésus lui-même. Il est la Parole qui est prêchée dans une dépendance totale du Saint-Esprit.

Nous pouvons dire que dans la première église, «la Parole» signifiait toujours un message de Dieu où il se révélait, en Christ, par l'Esprit. Ce message devrait être prêché et communiqué dans le ministère avec l'aide de l'Esprit. Il devait être obéi par ceux qui l'écoutaient comme s'il s'agissait d'une parole audible venant de Christ lui-même et parlant de lui.

Rhema

Dans *Une foi vivante*, nous avons démontré que le mot *rhema* désigne des paroles spécifiques de Dieu, en opposition avec la totalité de la Parole de Dieu représentée par le *logos*. Toutefois le *rhema* de Dieu n'est pas quelque chose de différent du *logos* de Dieu mais un aspect du *logos*. Par une parole *rhema*, Dieu met en lumière un élément à l'intérieur de son *logos*. C'est «une parole dans la Parole» et il s'agit d'une parole directe pour une situation particulière à un moment particulier.

Toute parole de Dieu est en accord avec le *logos* de Dieu qui se révèle lui-même d'une part, et d'autre part, avec chaque *rhema* individuel de Dieu. Cela signifie que toute communication divine, chaque prophétie, promesse, impulsion etc. est toujours pleinement cohérente avec tout le *logos* de Dieu. Cette Parole se conforme à tout ce que nous savons au sujet de Dieu par Christ et par les Ecritures et elle se conforme aussi à toutes les paroles *rhema* de Dieu qui ont été prononcées. Les Ecritures des chrétiens, la Bible, n'ont pas la moindre conception d'un Dieu qui contredirait sa Parole ou l'abrogerait.

Cela nous montre l'importance de tester tout ce que les gens proclament comme une parole ou un message de Dieu. Si chaque parole *rhema* est une révélation que Dieu donne de lui-même, cela signifie que chaque mot doit être pleinement cohérent avec tout ce que nous connaissons sur Dieu, tout ce que nous connaissons sur Jésus et avec la pleine révélation

La Parole de Dieu

des Saintes Ecritures. Lorsque Dieu, par l'Esprit, «prononce» sa parole *rhema* dans notre esprit, c'est comme s'il utilisait une lampe de poche divine. Par une parole *rhema*, Dieu fait ressortir un aspect de sa Parole *logos* et révèle sa parole «du moment», cet aspect de son caractère qui est suprêmement important dans notre situation et parfaitement adapté.

Nous avons des exemples d'une parole *rhema* dans: Matthieu 4:4; 26:75; Marc 14:72; Luc 1:38; 2:29; 3:2; 5:5; 24:8; Jean 5:47; 6:63; 8:20; 8:47; 12:47-48; 14:10; 15:7; 17:8; Actes 2:14; 10:37; 11:16; Romains 10:8 et 17-18; Ephésiens 6:17; 1 Pierre 1:25; Jude 1:17 et Apocalypse 17:17.

La Parole de Dieu

Parce que Dieu communique avec nous par sa Parole, il est important pour nous d'essayer de comprendre comment fonctionne cette Parole.

2 Timothée 3:16-17 révèle que toute Ecriture vient à nous sur le souffle de Dieu. La plupart des traductions françaises suggèrent que l'Ecriture est «inspirée» mais le mot grec *theopneustos* signifie «soufflée de Dieu». Nous voyons ainsi que l'inspiration biblique n'est pas limitée au type d'inspiration de l'auteur lyrique qui écrit un chant ou de l'inventeur qui est saisi par une idée nouvelle. Au contraire, les Ecritures sont, d'une manière toute spéciale et unique, «expirées» par le souffle de Dieu, par le Saint-Esprit lui-même.

Des passages tels que le Psaume 33:6 et 2 Pierre 1:19-21 soulignent aussi que la Parole de Dieu vient par l'Esprit, par le souffle de Dieu. Ils montrent que du moment que la Parole est soufflée par Dieu, c'est la Parole même de Dieu, c'est le «souffle de ses lèvres».

Plus important encore, en utilisant le temps présent «soufflées de Dieu» plutôt que «ont été soufflées de Dieu», 2 Timothée 3:16 montre aussi que les Ecritures n'ont pas été simplement soufflées une fois pour toutes quand elles furent mises par écrit ou lorsqu'elles furent rassemblées. Au lieu de cela, elles nous sont encore soufflées par Dieu, par l'Esprit. Cela

Ecouter Dieu

nous montre de nouveau l'importance vitale de ne pas pousser la Parole et l'Esprit à un divorce. Nous devrions chercher à la fois à être des gens de la «Parole» et de «l'Esprit», enracinés à la fois dans les Ecritures et dans l'Esprit, pas l'un ou l'autre.

La puissance de la Parole
Chaque fois que Dieu «souffle» sa Parole par l'Esprit, elle exprime toujours sa nature sainte et elle est toujours revêtue de sa puissance et de son autorité divines. C'est pourquoi la Parole doit toujours atteindre son but: ce que Dieu dit doit s'accomplir. Nous le voyons par exemple dans Genèse 1:3, 6–7, 11, 14–15, 20–22, 24, 26–27; 2 Chroniques 6:14–15; Esaïe 55:10–11 et Romains 4:18–21.

Hébreux 4:12 décrit la Parole comme vivante, active et tranchante. Ce verset enseigne que le *logos* de Dieu opère un travail spirituel à l'intérieur de nos vies. Il met en lumière nos pensées et nos attitudes et démasque la réalité de nos «cœurs», derrière les apparences de notre conduite extérieure. Il pénètre profondément dans nos esprits.

La puissance divine inhérente de la Parole est accentuée à travers toute la Bible. Les deux Testaments révèlent la grande variété de manières dont toute la Parole de Dieu exerce un ministère auprès des hommes et des femmes. Nous voyons par exemple que le Dieu qui «parle et agit» apporte par la Parole ce qui suit:

- La foi – Romains 10:17
- La nouvelle naissance et la vie nouvelle – Jacques 1:18; 1 Pierre 1:23
- De la nourriture spirituelle – 1 Pierre 2:1–2; Matthieu 4:4
- De la révélation et une direction – Psaumes 119:105, 130
- La purification et la sainteté – Psaumes 119:9; Ephésiens 5:25–27; 2 Pierre 1:1–4; Jean 15:3

La Parole de Dieu

- Une récompense et une bénédiction – Psaumes 1:1–3; 19:11
- La guérison – Psaume 107:20
- La victoire sur le péché – Psaume 17:4; 119:11
- La victoire sur Satan – Luc 4:4, 8, 12; Ephésiens 6:17; 1 Jean 2:14; Apocalypse 12:11
- La liberté et le jugement – Jean 5:24; 12:47

Dieu peut utiliser n'importe quel élément de sa Parole, Jésus, personnellement dans l'Esprit, les Ecritures ou la prophétie pour nous apporter ces divers dons susmentionnés. Toutefois, il devrait être clair que la Parole opère avec une efficacité aussi extraordinaire seulement parce qu'elle est une expression de la nature personnelle de Dieu et qu'elle est remplie de sa puissance personnelle et divine.

La Parole écrite

Lorsque nous nous approchons de la «Parole écrite» pour écouter Dieu, nous devons nous rappeler que son but est personnel et relationnel. Dieu souffle sa Parole afin que nous le connaissions. Bien que la révélation scripturaire de Dieu soit limitée par sa nature finie, la Bible est un recueil infaillible et aussi complet que possible de la Parole que Dieu adresse à l'humanité. Elle possède deux caractéristiques importantes: de même que la «Parole Personnelle» est à la fois pleinement Dieu et pleinement homme, de même la «Parole écrite» est, elle aussi, la Parole de Dieu et la Parole qui passe par des êtres humains.

Nous devons nous souvenir de cela lorsque nous lisons la Bible. 2 Pierre 1:20–21 montre que les écrivains humains des Ecritures n'ont pas imaginé leurs paroles. Au lieu de cela, ils ont été inspirés par l'Esprit. Ils ont écrit ce que Dieu voulait voir écrit. C'est la raison pour laquelle la Bible est vraiment la Parole de Dieu à propos de lui-même et non pas des paroles d'hommes au sujet de Dieu. Elle contient 66 livres qui ont été écrits par

Ecouter Dieu

au moins 40 différents auteurs sur une période d'environ 1600 ans. Pourtant le même son résonne dans chacun de ces livres, la «voix» de l'Esprit.

2 Pierre 1:20-21 suggère que la Bible – d'une manière différente de tout autre livre du patrimoine de l'humanité – a trouvé son origine dans la pensée de Dieu. Les auteurs humains de l'Ecriture ont été littéralement «mus» ou «poussés» par le Saint-Esprit, de telle manière que la mise par écrit des Ecritures fut contrôlée par Dieu. Le mot grec pour «poussés» dans 2 Pierre 1:21 est identique à celui que l'on trouve dans Actes 27:15-17. Luc explique comment des marins expérimentés ne purent pas piloter le bateau à cause du vent qui était trop puissant. Le navire était poussé, dirigé et porté dans une direction ou l'autre par le vent. Cette description est similaire à celle de l'action de l'Esprit poussant, dirigeant et portant les auteurs humains.

Ce passage illustre la surveillance totale du Saint-Esprit sur les auteurs humains. Les marins étaient actifs sur le bateau, même si c'était le vent qui contrôlait les mouvements du bateau et sa destination finale. De manière similaire, les auteurs humains étaient actifs en écrivant comme l'Esprit les dirigeait, mais cela n'avait rien à voir avec leur propre invention ou leur propre interprétation. Ils étaient poussés par le Saint-Esprit – qui, comme nous le décrivons dans *Connaître l'Esprit*, était le vent ou le ruach de Dieu – poussés à ne rapporter que ce que Dieu voulait qu'ils rapportent.

Cela signifie que les auteurs bibliques étaient divinement empêchés d'inclure la moindre erreur dans ce qu'ils écrivaient. C'est la raison pour laquelle nous disons que la Bible est à la fois «inerrante» – sans erreur – et «infaillible» – incapable d'erreur. De manière surnaturelle, le Saint-Esprit a rendu Moïse, Esaïe, Jean, Paul et les autres auteurs bibliques capables d'écrire le message exact de Dieu à l'homme.

Mais si l'Ecriture a trouvé son origine dans la pensée de Dieu, le processus de l'inspiration n'était sûrement pas mécanique. Les auteurs humains de l'Ecriture n'étaient pas des robots sans

La Parole de Dieu

intelligence ni de vulgaires processeurs de mots. Ils écrivaient à partir de leur propre contexte personnel, historique et culturel. Ils utilisaient leurs propres pensées, talents, langage et style. C'est pourquoi nous trouvons différents styles littéraires dans les livres de la Bible. Dieu a œuvré en passant par des instruments humains et leur personnalité, tout en dirigeant divinement et en contrôlant ces auteurs de manière à ce qu'ils écrivirent ce que Dieu avait l'intention qu'ils écrivent.

Il est donc exact de dire que les Ecritures sont le résultat d'une coopération divine et humaine. La Bible est par conséquent pleinement divine et pleinement humaine. D'un côté, Dieu a parlé, révélant la vérité et préservant les auteurs humains de l'erreur, pourtant sans violer leur personnalité. D'un autre côté, les hommes ont écrit en utilisant leurs propres facultés librement, sans pour autant altérer le message divin. Leurs mots étaient vraiment leurs mots. Mais ils étaient aussi vraiment les mots de Dieu, de telle manière que ce que la Bible dit, Dieu le dit.

La suffisance de l'Ecriture
2 Timothée 3:15-17 révèle que la Parole écrite est «utile». Toutefois il serait plus exact de traduire le mot grec ophelimos par «profitable» ou «avantageuse», ou encore mieux par «bénéfique». L'utilisation de ophelimos dans 1 Timothée 4:8 montre que ce mot se réfère à quelque chose qui est «bénéfique» en apportant une amélioration concrète plutôt qu'à quelque chose qui serait couramment «utile».

2 Timothée 3:17 établit le fait que toutes les parties de toute la Bible sont profondément bénéfiques. Cela signifie que nous ne devrions pas accepter certaines parties et en rejeter d'autres. Nous ne devrions pas écarter un passage comme hors de propos ou en sous-estimer un autre parce que nous le trouvons ennuyeux. Nous ne sommes pas en position de juger un quelconque passage de la Parole de Dieu, en fait c'est la Parole qui nous juge.

Cela signifie que l'Ecriture est suffisante pour tous les

Ecouter Dieu

domaines de la foi et de la pratique, et qu'elle est l'autorité finale, la vérité finale. L'idée de la suffisance de l'Ecriture a été traditionnellement une source de conflits entre protestants et catholiques. Les protestants adhèrent à la notion de «Sola Scriptura» – croyance selon laquelle la Bible seule fait autorité et est suffisante en matière de foi et de pratique. Les catholiques, de leur côté, croient que la tradition de l'église a tout autant de poids que la Bible pour les chrétiens. C'est la raison pour laquelle nous avons des doctrines catholiques telles que celle du purgatoire, de la prière adressée aux saints et de la vénération à Marie, qui n'ont pas de fondement réel dans l'Ecriture mais sont toujours estimées à cause des traditions catholiques.

Mais l'Ecriture se proclame elle-même suffisante et comme ayant autorité au-dessus de toute tradition, idéologie ou personne. Il se peut que l'expression la plus succincte de cette affirmation se trouve dans 2 Timothée 3:15–17. Cela ne veut pas dire que l'Ecriture est exhaustive dans toutes les matières ou couvre tous les sujets dont on peut parler. Mais cela signifie néanmoins que là où les Ecritures ne donnent pas d'enseignement direct, même en matière de connaissance scientifique, par exemple, il existe des principes bibliques qui nous permettront d'examiner et d'évaluer tout ce qui «contribue à la vie et à la piété» – 2 Pierre 1:3.

2 Timothée 3:17 montre que toute l'Ecriture, la Bible entière, est bénéfique pour:

- ◆ Enseigner – Dieu nous donne la norme par laquelle tout doit être mesuré.
- ◆ Reprendre – Dieu nous montre où nous avons fait erreur.
- ◆ Corriger – Dieu nous ramène dans le droit chemin.
- ◆ Former dans la justice – Dieu nous enseigne comment rester dans son droit chemin.

Cela nous montre que la Parole écrite équipe le croyant de

La Parole de Dieu

manière exhaustive pour tous les aspects du ministère et de la vie. Elle nous guide avec précision et nous pouvons lui faire confiance en tant qu'autorité finale et suprême pour notre manière de vivre. Si nous voulons sérieusement écouter Dieu, nous ne nous éloignerons jamais du «toutes les Ecritures», nous lirons, étudierons, méditerons, croirons chaque partie de la Bible et nous y obéirons.

La Parole vivante
Toutefois, nous avons noté que la Bible n'est pas un livre de règlements. Hébreux 4:12 montre clairement que la Parole est vivante et active. Plus important encore, cela nous montre que la Parole de Dieu opère profondément en nous, dans nos «cœurs», dans notre esprit.

Nous avons aussi remarqué que la Parole continue à venir vers nous sur le souffle de Dieu et par l'Esprit. Cela signifie que Dieu nous parle dans notre esprit par les Ecritures. Il se révèle lui-même et nous guide, par la Parole écrite.

Cela ne signifie pas pour autant que Dieu ne communique rien de plus que ce qu'il a déjà dit dans les Ecritures. Tous, nous faisons face à des situations où la Bible ne fait pas de distinction entre toutes nos diverses options et où nous avons besoin que l'Esprit nous parle profondément dans plus de détails que la Bible ne peut le faire. Nous avons besoin que l'Esprit souligne les principes bibliques qui sont appropriés à la situation précise à laquelle nous faisons face. Nous avons aussi besoin qu'il nous montre comment appliquer ces principes de manière spécifique et comme Dieu le désire.

Par exemple, Dieu peut nous appeler par les Ecritures, peut-être par des passages tels que Genèse 12:1, Jonas 1:2 ou Actes 16:9, à partir apporter l'Evangile dans une nation lointaine, mais il est évident qu'il ne peut pas nous conduire par les Ecritures dans une nation spécifique de l'Afrique, de l'Amérique du Sud ou de l'Asie.

Sa parole doit venir à nous par l'Esprit par un autre moyen que les Ecritures pour nous guider spécifiquement et

Ecouter Dieu

personnellement. Mais cette direction particulière confirmera et soulignera toujours ce que Dieu nous a déjà communiqué par la Parole écrite.

Esaïe 58:11 est une promesse importante qui a été donnée au peuple de Dieu bien des siècles avant que Jésus vienne dans la chair et bien avant que le Nouveau Testament soit écrit. Cette parole démontre que la direction de Dieu n'est pas limitée à la Bible.

Bien sûr, Dieu nous dirige d'une manière générale et du point de vue doctrinal par sa Parole écrite mais il nous guide aussi personnellement de manière particulière par sa Parole Personnelle. Et celle-ci vient aussi à nous par son souffle, par son Esprit.

Comme nous le voyons dans *Connaître l'Esprit*, juste avant que Jésus quitte la terre, il nous a promis d'envoyer un *allos parakletos*, un autre Conseiller qui serait exactement pareil à lui. Et Jésus a garanti que ce Conseiller serait avec nous pour toujours.

L'Esprit est exactement comme Jésus et il vient à nos côtés pour attirer notre attention. Il vient nous guider personnellement et spécifiquement, aussi bien que généralement et du point de vue doctrinal. Nous le voyons dans la référence à «toute» la vérité dans Jean 16:13.

Cela nous montre qu'écouter l'Esprit c'est écouter Jésus, apprendre de l'Esprit c'est apprendre de Jésus, être conduit par l'Esprit c'est être conduit par Jésus etc.

Beaucoup de chrétiens ont une saine doctrine et ne sont pourtant pas capables de vivre pour Dieu parce qu'ils n'ont pas compris que la doctrine n'est pas seulement une question intellectuelle. Nous avons certainement besoin d'écouter la Parole écrite et le Saint-Esprit ne contredira jamais la Parole écrite. Mais nous avons aussi besoin d'écouter le Saint-Esprit, directement et personnellement. Nous considérons ces aspects de l'écoute dans les chapitres sept à neuf.

La Parole de Dieu

Les superstitions
Ecouter Dieu par la Parole et l'Esprit est quelque chose d'aussi éloigné que possible d'une direction par les superstitions. Un nombre toujours plus grand de personnes se tournent vers diverses formes d'astrologie pour être guidées, mais ces pratiques sont superstitieuses et mauvaises. Elles peuvent parfois même être des manifestations du diable.

Cela ne signifie pas que tous ceux qui ont une fois jeté un coup d'œil à l'horoscope dans le journal ont besoin qu'on leur chasse un démon! Ces choses sont des superstitions, elles sont opposées à la manière dont Dieu se révèle et, en tant que telles, elles sont utilisées par l'ennemi pour nous éloigner de la discipline de l'écoute de Dieu et nous attirer dans ses mauvais desseins.

Toutefois, lorsque les gens persistent dans l'utilisation d'une forme quelconque d'astrologie et commencent à en dépendre, ils s'ouvrent tout grand à des influences démoniaques. Même ainsi, comme nous l'avons vu dans *Le Ministère dans l'Esprit*, nous avons besoin du don spirituel du discernement des esprits pour savoir que faire dans toute situation où nous exerçons le ministère.

Nous devons toujours prendre soin de distinguer entre l'écoute de Dieu et le fait d'être trompé en écoutant le malin. L'ennemi est un trompeur et un menteur. Il est opposé à Dieu et au peuple de Dieu et Dieu est opposé à lui et à ses méthodes de communication.

Nous voyons cela dans Esaïe 47:13-14, 1 Corinthiens 12:3 et 1 Jean 4:1-6.

Toute forme de divination et toute conduite venant de l'occultisme ou du spiritisme sont des abominations aux yeux de Dieu.

Elles ne servent à rien en elles-mêmes et ne sont qu'un écran de fumée derrière lequel se cachent des puissances démoniaques.

En tant que croyants nous ne devons pas chercher de direction par ces moyens. Au lieu de cela, nous devons nous

Ecouter Dieu

approcher de Dieu pour l'écouter, par sa Parole Personnelle et par sa Parole écrite – afin que nous le connaissions beaucoup mieux et que nous puissions participer à ses saintes activités.

Chapitre Quatre

La volonté de Dieu

Dans *Connaître le Père*, nous avons considéré la volonté du Père de manière assez détaillée. Nous avons noté que:
- La relation de Jésus avec son Père est caractérisée par une confiance complète et une obéissance radicale.
- La «foi» correspond à un concept biblique presque identique à celui «d'obéissance», c'est-à-dire que croire en Dieu c'est lui obéir et lui obéir c'est le croire.
- L'obéissance biblique ou «l'obéissance de l'Evangile» est toujours une réponse à la grâce de Dieu et jamais une condition de sa grâce.

L'Evangile proclame que le Père nous accueille tels que nous sommes, comme des enfants qui reviennent, avec toute notre indignité. Il affirme que notre réponse à la grâce du Père devrait consister en une obéissance reconnaissante. Nous ne lui obéissons pas pour gagner son pardon gracieux.

La bonne nouvelle c'est que nous sommes accueillis par Dieu de manière inconditionnelle. Mais nous ne devrions jamais oublier que nous retournons vers la maison du Père et la famille où le Père est Seigneur et s'attend à notre obéissance.

L'obéissance de l'Evangile
Dans *Connaître le Père*, nous avons établi que l'obéissance de l'Evangile est plus une obéissance en tant que capacité reçue d'obéir qu'une obéissance requise. Le Père ne donne pas des ordres impossibles à effectuer pour ensuite nous regarder tomber.

Ecouter Dieu

Au lieu de cela, il nous donne le Fils et l'Esprit par lesquels il nous rend capables de lui obéir.

De plus, nous avons vu que l'obéissance de l'Evangile est une obéissance personnelle à «Abba» et non une obéissance à une liste de principes généraux et à un code de régulations détaillées. Romains 12:1-2 nous montre que l'obéissance de l'Evangile est assez différente d'une tentative de vivre à partir de principes chrétiens ou de se conformer aux dix commandements ou de mettre en pratique le Sermon sur la Montagne.

Il est évident que Jésus ne vivait pas en suivant un programme ou des principes. Il vivait en discernant minute par minute quelle forme particulière prenait la volonté de Dieu dans chacune des situations auxquelles il faisait face.

Il savait par exemple, que la guérison était la volonté générale et ultime de Dieu pour tous. Mais il avait besoin de comprendre la volonté particulière de Dieu pour savoir que dire à chacun des malades qu'il rencontrait. Jean 5:1-15 montre qu'il discernait que c'était la volonté particulière de Dieu de guérir, par son intermédiaire, seulement un malade parmi la multitude de ceux qui se trouvaient à cet endroit ce jour-là.

Et Actes 16:6-10 rapporte comment Paul fut contraint par l'Esprit de suivre une direction pour aller prêcher, puis une autre pour être enfin dirigé de la manière particulière de Dieu. Paul savait que c'était la volonté générale de Dieu pour lui de prêcher l'Evangile aux Gentils, mais il avait besoin de comprendre la volonté particulière de Dieu pour son ministère en tout temps.

C'est justement cette «obéissance particulière et guidée de manière personnelle» à la volonté de Dieu dont nous avons besoin dans notre vie.

D'où l'importance d'écouter Dieu pour entendre et comprendre sa volonté particulière, instant après instant, pour notre vie. De même que c'est l'œuvre du Saint-Esprit de nous révéler la Parole Personnelle de Dieu et sa Parole écrite, de

La volonté de Dieu

même c'est son œuvre de nous révéler la volonté particulière de Dieu.

La priorité de la volonté de Dieu
Dans *Connaître le Père*, nous avons établi que la volonté du Père est toujours prioritaire sur notre volonté humaine. Il nous a en effet appelés à l'obéissance. La grâce infinie est l'initiative de Dieu et l'obéissance de l'Evangile est notre réponse.

L'ordre divin est clair: Le Père prend l'initiative, nous répondons. Avant que nous ayons fait le moindre mouvement en direction de Dieu, même lorsque nous sommes encore en train de lui dire non, le Père vient à nous en son Fils dans sa grâce généreuse et pure. Et cela est vrai dans tous les domaines de notre vie spirituelle.

Dans cette série Epée de l'Esprit, nous cherchons constamment à faire ressortir ce principe important. Par exemple nous avons montré à maintes reprises que:

- La volonté de Dieu a toujours la priorité.

- Soit la grâce est là avant toutes choses soit elle cesse d'être grâce.

- La foi de Dieu, l'onction de l'Esprit, les dons et les ministères de l'Esprit, tous sont donnés dans le contexte de la grâce généreuse de Dieu.

- Toutes les conditions divines que nous remplissons, comme l'obéissance à l'Evangile, sont une réponse humaine pleine de reconnaissance à la grâce et non pas une exigence pour obtenir la grâce.

Il devrait être évident que ce principe a des implications considérables dans la manière dont nous devrions écouter Dieu.

Si l'ordre de Dieu était «l'obéissance puis la grâce», nous serions obligés d'avoir recours à des techniques, des systèmes et des méthodes dans ces moments où nous avons faim de sa volonté. Il ne nous resterait plus qu'à espérer que notre

Ecouter Dieu

«obéissance basée sur nos propres efforts» soit suffisante pour attirer l'attention de Dieu et sa bénédiction.

Mais puisque la volonté de Dieu a la priorité en toutes choses, et puisque sa grâce est infinie et absolue, nous pouvons nous tourner vers lui lorsque nous avons faim de sa volonté. Et nous pouvons alors être certains qu'il est déjà en train de nous appeler vers lui et à entrer dans ses promesses.

Certains croyants laissent entendre que le Père n'est prêt à nous parler que si nous lui demandons de le faire. Ils disent que Dieu veut bien parler, donner, agir etc. lorsque nous lui demandons. Ils sous-entendent que généralement, Dieu ne nous parle pas tant que nous ne l'avons pas cherché.

Mais l'accent mis par la Bible sur la grâce signifie que notre demande elle-même est conditionnée par la volonté du Père. Ce n'est que parce que nous savons que c'est la volonté de Dieu de nous parler que nous osons lui demander de nous parler.

Nous voyons cela dans Luc 11:13. Ce verset mentionne les deux éléments importants: la disposition favorable du Père et notre attente. Il révèle la manière dont Dieu agit, donne parle etc.

Certaines personnes pensent que la demande humaine dans ce verset vient avant la volonté de Dieu et qu'elle est une condition préalable à son accord. Mais l'accent biblique général mis sur «la grâce en premier» signifie plutôt que notre demande est le résultat produit par la volonté de Dieu de nous donner son Esprit.

Les croyants qui insistent sur «l'obéissance en premier» se concentrent sur le fait de demander à Dieu sa volonté au moment de faire leur choix, quand c'est eux qui veulent connaître sa volonté. Alors que ceux qui mettent l'accent sur «la grâce en premier» se concentreront pour écouter Dieu en tout temps, afin qu'ils ne manquent pas ces moments où lui leur révèle sa volonté.

Nous devons constamment nous souvenir de ce principe de base dans l'écoute de Dieu. Il ne nous parle pas juste parce que nous lui demandons de nous parler. Plutôt que cela, nous

La volonté de Dieu

l'écoutons parce que c'est lui qui continuellement nous appelle à sans cesse l'écouter. Dieu a toujours la priorité et l'initiative.

Comprendre la volonté de Dieu

Nous avons noté que le but premier de l'écoute de Dieu est de mieux le connaître. Dieu nous révèle sa Parole surtout pour se révéler à nous. Il nous parle pour nous attirer plus près de lui et plus profondément en lui.

La vraie écoute biblique poursuit toujours un but relationnel et se fonde dans la relation. La conduite et la doctrine sont des sujets secondaires.

En fait, nous pouvons dire que la meilleure manière de comprendre la volonté de Dieu consiste à connaître Dieu plus intimement, d'où l'accent que nous avons mis dans cette série *Epée de l'Esprit* sur cette connaissance de Dieu dans *Connaître le Père*, *Connaître le Fils* et *Connaître l'Esprit*.

Ceci dit, Dieu nous révèle sa volonté lorsqu'il nous parle, même si nous devons toujours prendre cette révélation dans son contexte relationnel et nous souvenir qu'elle poursuit ce but de connaître Dieu.

Nous avons aussi vu que, parce que Dieu est spirituel, il révèle rarement sa Parole avec une voix audible que nous pouvons entendre avec nos oreilles physiques. Il «parle» plutôt par l'Esprit de différentes manières que nous devons «entendre» ou «discerner» par la foi dans notre esprit.

De même qu'il nous souffle sa Parole par la Bible, Dieu communique aussi sa volonté dans notre esprit d'une dizaine d'autres manières.

Les circonstances

Nous avons vu comment dans Actes 16:6–10 Paul a été guidé par l'Esprit dans la volonté particulière de Dieu pour son ministère auprès des Gentils à ce moment-là. Le passage en question ne nous montre pas clairement comment l'Esprit a empêché Paul de prêcher en Asie ou en Bithynie. Il a pu s'agir d'un avertissement surnaturel dans son esprit ou d'une

Ecouter Dieu

difficulté dans ses circonstances. Dieu utilise les deux moyens et l'un n'est pas «supérieur» à l'autre.

Le Nouveau Testament montre que Dieu a guidé Paul par divers moyens au cours de sa vie. A partir des événements d'Actes 21 toutefois, les circonstances de Paul semblent jouer un rôle toujours plus significatif pour l'aider à discerner la volonté particulière de Dieu pour sa vie et son ministère.

Les circonstances jouent un rôle réel pour nous aider à comprendre la volonté de Dieu mais nous devons toujours les considérer de manière réaliste puis appliquer la sagesse de Dieu. Nous considérons toute la question de «juger» ou «tester» la révélation dans le chapitre huit.

Les circonstances peuvent être interprétées de différentes manières. Par exemple:

- ◆ Dieu les utilisera pour tester notre foi et notre persévérance.

- ◆ Le diable pourra peut-être les utiliser pour s'opposer à nous et nous devrons peut-être leur ordonner de s'enlever de notre chemin.

Certaines «portes ouvertes» peuvent conduire à des pièges, alors que certaines «portes fermées» devraient être forcées. Cela signifie que nous ne devrions pas nous laisser seulement guider par nos circonstances, ce qui reviendrait à les accepter comme une fatalité à la manière des païens. Nous devrions plutôt demander à Dieu de nous donner le don spirituel de sa propre sagesse ou de son propre discernement afin que nous puissions interpréter nos circonstances correctement.

Penser comme Dieu
Romains 12:10 met en lumière l'importance d'avoir des pensées spirituellement renouvelées et montre comment cela nous aide à comprendre la volonté de Dieu.

Lorsque Dieu a créé l'humanité à son image, il nous a donné une pensée rationnelle qu'il voulait que nous utilisions. Or dans Matthieu 22:37, Jésus montre que nous devrions utiliser

La volonté de Dieu

toute notre pensée pour aimer Dieu aussi intensément que possible. De plus, Philippiens 2:5 enseigne que les croyants peuvent aussi avoir en eux les pensées de Jésus.

Ces trois versets illustrent l'importance du monde de nos pensées. Mais en dépit de ce qu'affirment ces textes, au cours de l'histoire, certaines parties de l'Eglise ont parfois déprécié la pensée et sous-estimé l'importance d'une bonne éducation. Pourtant, l'exercice intellectuel est au cœur de la formation du disciple car nous ne pouvons comprendre les paraboles de Jésus et son enseignement si nous n'utilisons pas notre intelligence.

Si le Saint-Esprit communique le ministère à notre esprit, il vient aussi pour nous enseigner et nous conduire dans toute la vérité. Cela signifie que nous devons répondre à son œuvre par le concours d'un effort mental et d'une ouverture spirituelle.

Dieu nous révèle sa Parole, sa volonté et sa propre nature lorsque nous utilisons toutes les facultés qu'il nous a données et lorsque nous considérons avec attention notre situation. Comme nous le verrons dans le chapitre huit, nous avons besoin d'utiliser nos pensées renouvelées pour repenser aux choses, pour évaluer les différents facteurs et pour agir sagement sur les conclusions spirituelles auxquelles nous sommes arrivés.

La plupart du temps, nous n'avons pas besoin d'une conduite spéciale «surnaturelle» ou «circonstancielle» pour comprendre la volonté de Dieu. Dans beaucoup de situations, tout ce dont nous avons besoin c'est d'une pensée renouvelée et d'un bon sens sanctifié. Bien sûr, nous faisons tout cela à la lumière de la Parole écrite de Dieu. Toutefois simultanément, le Saint-Esprit nous revêt de sa puissance et renouvelle nos pensées pour qu'elles se conforment à la manière de penser de Dieu.

Le témoignage de l'Esprit

Nous savons que Dieu est un être personnel et spirituel qui communique avec nous par notre esprit. Il est rare qu'il nous

Ecouter Dieu

«parle» avec une voix audible que nous entendons avec nos oreilles physiques. Sa Parole et sa volonté nous parviennent plutôt par son souffle, avec son Esprit et nous «entendons» ou «discernons» la volonté de Dieu par la foi dans notre esprit.

Lorsqu'un homme ou une femme est «né de nouveau», il ou elle commence une nouvelle relation avec Dieu de type Père/Enfant. La troisième personne de Dieu, le Saint-Esprit, commence à «témoigner» ou «communiquer» avec l'esprit de cette personne d'une manière qui dépasse de loin une appréciation rationnelle ou intellectuelle des faits, une stimulation physique ou une doctrine biblique.

Comme nous le voyons dans *Connaître l'Esprit* et *Le Ministère dans l'Esprit*, le Saint-Esprit nous parle directement. Il nous donne un témoignage intérieur qui s'aligne toujours pleinement avec toute la vérité de la Parole éternelle de Dieu.

Il est difficile de décrire les différentes façons dont l'Esprit donne ce témoignage caché, car il s'occupe de chaque croyant individuellement et d'une manière distincte. Toutefois nous pouvons dire qu'il donne souvent ce témoignage de trois façons générales. Par exemple, il communique:

- ◆ Grâce à une impression mentale ou visuelle

    Nous pouvons «voir» ou «ressentir» ou «entendre» ou «sentir» une pensée de l'Esprit. Ensuite nous devons juger si notre impression intérieure est due à notre imagination humaine, une suggestion démoniaque ou une révélation divine. Nous considérons ces choses au chapitre huit. Nous pouvons apprendre à reconnaître la «voix» de l'Esprit d'une manière assez semblable à celle dont nous apprenons à reconnaître la voix d'une personne que nous ne voyons pas.

- ◆ Grâce à un avertissement intérieur

    Nous «sentons» un avertissement intérieur de l'Esprit comme quoi quelque chose n'est pas très

La volonté de Dieu

juste. Bien sûr, un sentiment désagréable peut venir d'un préjugé inconscient ou avoir une cause physique toute simple. Mais il se peut que ce soit la manière dont l'Esprit avertit notre esprit et nous «dit» de nous arrêter. Ici encore, nous devons «tester» ou «juger» ce sentiment avant d'agir en conséquence.

◆ Grâce à un soulagement intérieur

Nous avons un sentiment intérieur de paix ou d'encouragement lorsque nous sommes devant un choix ou une décision. Nous ne pouvons pas expliquer ce «sentiment» avec notre pensée mais nous sentons dans notre esprit que Dieu est à l'œuvre et que cette situation vient de lui d'une manière ou d'une autre.

Un tel sentiment peut être le fait de prendre ses désirs pour la réalité, un enthousiasme purement humain, un optimisme naturel ou un encouragement pieux. Cela signifie que nous devons apprendre à reconnaître la manière dont l'Esprit communique avec nous afin que nous puissions distinguer les pensées de Dieu de nos pensées ou des pensées démoniaques.

Une parole *rhema*
Nous avons vu qu'il y a deux mots grecs pour «parole». *Logos* désigne la parole générale de Dieu adressée à tous les hommes et *rhema* décrit sa parole spécifique à un groupe particulier de gens ou un individu.

Lorsque l'Esprit «parle» une parole *rhema* dans notre esprit, c'est comme s'il utilisait une lampe de poche divine. Par une parole *rhema*, Dieu fait ressortir un aspect de sa Parole générale dans les Ecritures et révèle la parole pour «maintenant» qui est suprêmement importante dans notre situation et parfaitement adaptée.

Ecouter Dieu

L'Esprit prend cette Parole *rhema*, et c'est à nous qu'il la communique personnellement et de manière distinctive.

La parole *rhema* de Dieu vient à nous sur le souffle de Dieu. Que nous écoutions un sermon, que nous lisions la Bible ou que nous soyons au milieu de nos activités quotidiennes, il n'y aura pas de différence dans la manière dont cette parole nous parviendra.

Quelles que soient les circonstances, l'Esprit nous rend soudainement conscients d'une parole, d'une phrase, d'un verset de la Bible, d'une phrase dans un chant spirituel, d'une pensée, d'un «message» etc.

Chaque parole *rhema* s'alignera toujours entièrement avec la Parole Personnelle de Dieu, sa Parole écrite et avec toutes les autres vraies paroles *rhema*. Et elle mettra en lumière un aspect particulier de la Parole générale de Dieu. Il s'agit de sa parole «maintenant» pour nous, dans cette situation particulière et dans ce temps particulier.

Des désirs pieux

Le Psaume 37:4 enseigne un principe spirituel profond et libérateur qui suggère que Dieu nous révèle souvent sa volonté par nos désirs. Si notre plus profond désir est pieux, il pourrait en fait s'agir de la volonté de Dieu.

Nous devons reconnaître que la volonté de Dieu n'est pas toujours l'opposé de ce que nous voulons. Car, en vivant dans la présence de Dieu, en étant toujours plus contrôlé et dirigé par lui, en étant renouvelé par lui dans notre pensée, ses désirs deviennent «naturellement» nos désirs. Nous nous surprenons à peu à peu vouloir ce qu'il veut.

Le Psaume 37:4 pose toutefois une condition stricte. Il nous demande de faire du Seigneur nos délices. Ce verset ne signifie pas que nous pouvons persister dans le péché tant que nous aimons Dieu. Car lorsque nous aimons Dieu en vérité, nous aimons ce qu'il aime et nous désirons ce qu'il désire.

La volonté de Dieu

Une conduite spéciale

Dans Actes 16:6-10, il y a peut-être une distinction entre le témoignage général de l'Esprit donné à Paul au verset 7, et une conduite surnaturelle et spéciale de l'Esprit aux versets 6 et 9.

La Bible rapporte plusieurs occasions où Dieu a guidé ses serviteurs par des moyens extraordinaires et inhabituels comme des visions et des visitations d'anges. Nous le voyons par exemple dans Nombres 12:6; 2 Rois 1:3-15; 1 Chroniques 21:18; Esaïe 6; Ezéchiel 12:8; Daniel 7:1; 9:21 et Zacharie 1:8-9.

Toutefois, nous devons reconnaître que ce ne sont pas là les manières habituelles que Dieu utilise pour communiquer avec nous et nous ne devrions pas poursuivre le désir de telles expériences.

Dans sa créativité variée, Dieu «parle» parfois par des rencontres surnaturelles comme dans Actes 9:4-6 et 10:9-16. Nous ne devrions donc pas rejeter la possibilité de telles visitations aujourd'hui. Mais elles ne sont pas communes. Il faut donc rester prudent avec les croyants qui laissent entendre que Dieu leur parle toujours d'une manière aussi frappante.

Les dons du Saint-Esprit

Dans *Connaître l'Esprit* et *Le Ministère dans l'Esprit*, nous avons noté que Dieu a donné des dons particuliers de révélation à l'Eglise afin que nous puissions connaître sa volonté, et nous avons analysé ces dons avec une certaine précision.

Le don de prophétie est particulièrement adapté à «l'écoute de Dieu» et nous le considérons sous ce jour dans les chapitres six et sept.

Toute prophétie, qu'elle soit personnelle ou collective, doit être «pesée», «jugée», «passée au crible» et «testée». Et nous examinons cela dans le chapitre huit. La prophétie ne devrait ni remplacer ni même contredire la Parole écrite. Lorsqu'il y a un désaccord entre une prétendue prophétie et les Ecritures, la prophétie devrait être rejetée.

A divers moments au cours de l'histoire de l'Eglise, certains groupes chrétiens se sont laissés polariser par la prophétie personnelle comme s'il s'agissait de la manière absolue dont Dieu communiquait avec son peuple. Mais la prophétie personnelle n'est qu'une des manières dont Dieu «parle» et elle doit être rangée dans la liste de toutes les autres manières dont Dieu choisit de révéler sa volonté.

1 Thessaloniciens 5:19–21 établit l'équilibre biblique: nous ne devons jamais traiter une prophétie avec mépris; mais nous ne devons pas non plus l'accepter sans réserve. Nous devons éprouver toutes choses et retenir seulement les parties de la prophétie qui sont bonnes.

Comme nous le verrons dans le chapitre huit, nous ne sommes dans aucune obligation spirituelle de suivre une prophétie qui ne fait pas écho dans notre esprit par le témoignage de l'Esprit. En général, la prophétie personnelle ou adressée à une congrégation:

- Devrait confirmer ce que nous ressentons que Dieu est déjà en train de «dire».

- Ne devrait pas être une tentative de manipulation ou de contrôle d'un croyant.

- Devrait se conformer à la fois à l'Ecriture et à un bon sens renouvelé par l'Esprit.

Nous considérerons la prophétie personnelle et collective au chapitre sept.

Le fruit de l'Esprit
Quand nous répondons à un quelconque aspect du ministère du Saint-Esprit par "l'obéissance à l'Evangile", l'Esprit produit le «fruit» distinctif dans nos vies qui est décrit dans Galates 5:22. En d'autres termes, quand nous sommes à l'écoute de l'Esprit, la manière dont il nous guide aura pour effet de développer ces traits de caractère qui indiquent qu'il est à l'œuvre dans nos vies.

Le corollaire de ce qui précède est que nous pouvons nous poser la question personnelle suivante: lorsque nous croyons

La volonté de Dieu

avoir reçu une direction, est-elle en train de produire le fruit de l'Esprit dans notre vie ou a-t-elle ce potentiel? Même lorsque Dieu démolit nos conceptions humaines et remet en question nos anciennes lignes de conduites, cela devrait nous laisser un sens profond de joie, de paix, de patience etc.

Mais le fruit de l'Esprit n'est pas seulement le résultat de la Parole de Dieu œuvrant dans nos vies, c'est aussi l'une des manières dont Dieu teste la communication.

Nous avons vu qu'une impression de «paix intérieure» fait partie du témoignage de l'Esprit pour nous aider à identifier la volonté de Dieu. En fait, tous les aspects du fruit de l'Esprit font partie de ce témoignage intérieur. Cela signifie que plus le fruit se développe en nous, plus nous sommes équipés pour reconnaître la voix de Dieu et comprendre sa volonté.

Un bon conseil
Nous considérons l'importance du ministère de conseil dans *Le Ministère dans l'Esprit*. La réalité de ce ministère et l'attention que lui consacre la Bible devraient être suffisantes pour nous convaincre que Dieu révèle souvent sa volonté et ses buts en utilisant des croyants oints de l'Esprit.

Les passages tels que Proverbes 12:15 et 15:22 montrent que nous devrions rechercher des chrétiens matures et qui craignent Dieu pour écouter leur avis. De même que pour tous les autres moyens de recevoir une direction, nous devrions écouter leur conseil mais ne pas l'accepter aveuglément. Et, comme pour la prophétie, nous devons éprouver les conseils, retenir ce qui est bon puis agir sur ce que nous avons retenu de bon et juste de ces conseils.

En tant que disciples, nous devrions être prêts à soumettre notre volonté à quoi que ce soit que Dieu pourrait nous dire par un conseiller. Mais nous devons nous rappeler du Psaume 1:1–2 et prendre bien soin que l'avis que nous recevons soit biblique et pleinement en accord avec la Parole de Dieu.

Ecouter Dieu

Le principe de l'accord
Dieu ne nous «parle» pas que d'une seule manière. Il nous confirme toujours sa Parole en nous la révélant de différentes manières. Des passages tels que Deutéronome 19:15 et 2 Corinthiens 13:1 révèlent le principe éternel de l'accord qui se trouve dans la nature du Dieu trinitaire lui-même.

Toute révélation est voulue par le Père, prononcée par la Parole et mise en œuvre par l'Esprit mais il y a toujours un accord parfait entre eux. Ceci parce que de manière ultime, il n'y a qu'une seule révélation, et il s'agit de la révélation de Dieu donnée par Dieu lui-même.

Selon les moments nous nous concentrerons plus sur la volonté du Père ou sur les Paroles du Fils ou sur les actions de l'Esprit. Mais nous devons reconnaître qu'ils sont toujours d'accord entre eux, ils se complémentent parfaitement l'un l'autre.

Cela signifie que nous ne devrions pas nous attendre à ce que Dieu nous envoie deux ou trois paroles prophétiques similaires pour nous guider et nous diriger. Nous devrions plutôt nous attendre à ce que Dieu nous révèle sa Parole de deux ou trois manières différentes.

Nous ne devrions jamais nous attendre à ce que Dieu se révèle à nous sous une forme plus qu'une autre. Il choisit comment il nous parle et nous l'écoutons selon ses principes. Dans chaque situation, il choisit s'il doit nous parler par nos circonstances ou par un rêve ou par un sermon ou par une parole prophétique ou par un verset. Et ensuite, il confirme sa révélation en nous révélant la même parole par d'autres moyens complémentaires.

Dieu ne parle pas seulement par des paroles prophétiques ou seulement par des visions ou seulement par des circonstances ou par un ministère particulier etc. Nous ne pouvons pas savoir à l'avance comment Dieu va nous parler, nous pouvons seulement être sûrs qu'il est en train de nous parler.

Cela signifie que nous devrions toujours être à l'écoute de

La volonté de Dieu

Dieu, être toujours entièrement prêts à recevoir sa Parole et à discerner sa volonté. Chaque fois que nous sentons qu'il est en train de nous conduire, nous devrions prier et attendre qu'il confirme sa Parole sous d'autres formes, sans chercher à fabriquer quelque chose qui satisfasse notre volonté.

La volonté de Dieu doit être faite à la manière de Dieu, en son temps et selon ses méthodes. Car si nous pouvons être sûrs de sa volonté pour nous, il se peut que nous ayons une incertitude sur le quand et le comment de l'accomplissement. Chaque étape de la découverte de la volonté de Dieu doit donc être franchie de la manière qu'il a choisie pour nous. Dieu révèle sa volonté progressivement et cela signifie que chaque étape doit aussi être suivie progressivement. Nous pouvons donc parler du processus de conduite consistant à écouter la parole de Dieu, comprendre sa volonté et discerner ses voies.

Toutefois nous ne devons pas nous attendre à ce que Dieu confirme quelque chose qui nous est déjà révélé dans sa Parole écrite. Il est également faux de scanner les Ecritures pour y trouver un verset obscur en vue de l'utiliser pour confirmer ce que nous ressentons.

Toute direction est soumise à l'Ecriture et non l'inverse. Mais nous devons chercher à écouter la voix de Dieu et non pas essayer de manipuler sa Parole.

Chapitre Cinq

L'écoute prophétique dans l'Ancien Testament

L'un des fils conducteur de cette série de *l'Epée de l'Esprit*, c'est que tous les croyants ont un appel essentiellement «prophétique». Comme nous le voyons dans *Connaître l'Esprit* et *Le Ministère dans l'Esprit*, nous sommes censés être des partenaires actifs de Dieu plutôt que des spectateurs passifs de Dieu: nous sommes appelés à marcher pas à pas avec Dieu, à prononcer ses paroles et à faire ses œuvres. Il devrait être clair que cette sorte de partenariat doit être basée sur une écoute attentive de Dieu et une compréhension précise de sa Parole et de sa volonté.

Une bonne définition de la prophétie chrétienne générale est la suivante: «entendre ou voir ce que Dieu est en train de dire et le transmettre». C'est cette compréhension générale qui révèle l'appel prophétique général de tous les croyants. Elle établit aussi une association cruciale entre «l'écoute de Dieu» et toute forme de service ou de ministère chrétien.

Beaucoup de croyants modernes se concentrent sur l'élément «parler» lorsqu'ils pensent à la prophétie. Mais il ne peut y avoir de vraie communication prophétique orale tant qu'il n'y a pas eu une véritable écoute prophétique. Et il ne peut y avoir d'écoute prophétique sans une relation prophétique personnelle avec Dieu.

L'appel prophétique
Dans l'Ancien Testament, la plupart des prophètes étaient désignés par le titre «d'homme de Dieu». Cette description fait ressortir une relation intime qui est au cœur de l'appel prophétique.

Moïse fut le premier prophète à être identifié de cette

Ecouter Dieu

manière mais il fut suivi par beaucoup d'autres, par exemple dans Deutéronome 33:1; 1 Samuel 2:27; 9:6; 1 Rois 13; 20:28; 25:7-9; 2 Rois 4:7; 2 Chroniques 25:7-9 et Néhémie 12:24.

Les prophètes de l'Ancien Testament étaient aussi souvent appelés «serviteurs». Bien que le titre «le serviteur de Dieu» ne soit donné qu'à Moïse, «son», «ton» ou «mon» serviteur sont des expressions utilisées pour la plupart des autres prophètes. 2 Rois 17:13 et Esdras 9:11 illustrent la relation étroite de serviteur à Maître dont les prophètes de l'Ancien Testament jouissaient avec Dieu.

Certains ont suggéré que de manière générale le titre «homme de Dieu» fait référence à la manière dont les prophètes étaient perçus par leurs semblables. Ensuite l'expression «mon serviteur» fait référence à la manière dont ils sont vus par Dieu. Quelle que soit le mérite de cette distinction, elle souligne au moins les deux relations clés du prophète avec Dieu et avec l'homme.

Il y a trois mots hébreux dans l'Ancien Testament qui sont traduits en français par «prophète». Il semble qu'ils soient tous utilisés de manière synonyme.

- *Nabi* suggère l'idée «d'appel». Ce mot montre que les prophètes sont «appelés par Dieu» et sont «appelés vers Dieu» afin qu'ils puissent faire «appel à Dieu» et «appeler de la part de Dieu».

- *Roeh* et *hozeh* sont deux mots qui suggèrent l'idée de «voir». Ils montrent que les prophètes «voient Dieu», «voient ce que Dieu est en train de faire», «voient les événements humains avec une perspective divine» et «sont vus par les hommes».

Ces mots hébreux communiquent l'essence de l'appel prophétique. Cet appel consiste à être appelé par Dieu, à voir et entendre ce que d'autres ne peuvent ni voir ni entendre, et à appeler le peuple de la part de Dieu.

L'écoute prophétique dans l'Ancien Testament

Le but de l'appel prophétique
Nous avons vu que Dieu «prononce» sa Parole essentiellement pour se révéler lui-même. Par conséquent, nous devrions nous attendre à ce qu'il y ait au cœur de l'appel prophétique une connaissance personnelle et intime de Dieu. Dieu se révèle toujours lui-même. Il nous «parle», afin que nous puissions le connaître lui et afin que nous puissions atteindre le but ultime de notre vie sur cette terre en tant qu'homme ou en tant que femme.

Abraham est la première personne qui est mentionnée comme prophète dans la Bible. Nous pouvons retracer le développement de la relation de «connaissance» intime et personnelle qui l'a conduit dans son ministère prophétique.

- ◆ Actes 7:1-2 raconte comment Dieu est d'abord apparu à Abraham et lui a parlé.

- ◆ Esaïe 41:8 montre qu'Abraham est ensuite devenu l'ami de Dieu.

- ◆ Genèse 18:17-21 décrit comment Dieu a continué à révéler ses intentions à son ami.

Il y a deux principes qui vont de pair, selon lesquels la révélation poursuit essentiellement le but de la connaissance de Dieu d'une part et qu'elle est donnée surtout dans le contexte d'une relation d'intimité d'autre part. Nous retrouvons ces deux vérités notamment dans 1 Samuel 3:7, Esaïe 50:4-5, Amos 3:7, Daniel 9:23; 10:11 et Jean 13:21-26.

Il semble donc que notre appel prophétique soit premièrement une convocation à une relation intime avec Dieu. Dieu révèle ensuite les secrets de son cœur, ses fardeaux, ses joies, ses désirs, ses intentions et ses instructions. Il les révèle à ceux qui ont obéi à sa convocation et qui l'écoutent de manière particulièrement attentive.

L'appel
Les prophètes de l'Ancien Testament ne pouvaient pas s'appeler eux-mêmes dans la présence de Dieu. Il fallait qu'ils

Ecouter Dieu

soient appelés ou sommés de venir, par Dieu. Comme toujours, l'initiative est clairement du côté de Dieu et de lui seul.

Tous les différents récits bibliques des appels prophétiques révèlent la puissance inhérente de l'appel de Dieu. Ceux qui étaient convoqués par Dieu n'avaient que deux possibilités: soit laisser de côté ce qu'ils étaient en train de faire et commencer à écouter Dieu, soit désobéir à la Parole et à la volonté de Dieu. Nous voyons cela par exemple dans Exode 3:1-10; 1 Samuel 3:1-21; 1 Rois 19:16, 19-21; 2 Rois 2:9-15; Esaïe 6:1-9; Jérémie 1:4-10; Ezéchiel 1; 2:3, Osée 1:2; Amos 7:14-15 et Jonas 1:1.

Les érudits soulignent souvent les modèles qui ressortent le plus dans les appels prophétiques de l'Ancien Testament. Il y a d'habitude une situation de détresse ou de crise dans laquelle Dieu confronte la personne qui deviendra prophète. Ensuite Dieu envoie cette personne en vue d'une action ou d'un message prophétique. A ce moment-là le prophète peut soulever des objections au sujet du devoir à accomplir, en général en relation avec sa propre incapacité. Mais Dieu donne l'assurance de son aide et sa conduite. Un signe est ensuite donné pour confirmer l'envoi, souvent accompagné par une déclaration claire et explicite du contenu de la mission. Nous en voyons l'exemple dans Jérémie 1:3-19.

Toutefois, le premier objectif de l'appel prophétique dans l'Ancien Testament était de convoquer l'homme ou la femme en question dans la présence du Dieu saint, et seulement dans un second temps de l'envoyer pour une mission divine. Ce n'était que lorsque la personne s'était tenue devant Dieu et avait écouté sa Parole qu'elle pouvait se tenir devant les hommes et les femmes du monde. Ce fait ressort particulièrement dans la vie de Moïse, par exemple dans Exode 3:4-10; 33:11; 34:34-35, Nombres 12:1-8; Deutéronome 5:4 et 34:10.

Lorsque les prophètes avaient obéi à l'appel et étaient entrés dans la présence de Dieu, leur fonction était simplement d'écouter Dieu leur souffler ses secrets. Comme nous l'avons noté, Dieu ne fait jamais rien sans avoir d'abord révélé son intention à ses serviteurs les prophètes. Cela devrait nous aider à apprécier la grande importance de l'écoute dans notre partenariat avec Dieu.

Une fois qu'ils avaient eu ce face à face avec Dieu, qu'ils avaient entendu sa Parole et sa volonté particulière, les prophètes étaient envoyés dans des situations précises avec un message spécifique. Nous le voyons dans 1 Rois 22, Jérémie 23:22 et Amos 3:7.

La fonction prophétique
Après l'écoute, la fonction principale des prophètes de l'Ancien Testament était de dire les paroles de Dieu. Ils devaient agir sur ce qu'ils avaient entendu. Nous le voyons dans Exode 3:14; 4:13-17; 6:28 à 7:2, Jérémie 1:9 et Esaïe 6:6-7.

1. Dire les paroles de Dieu
Le sujet principal du message prophétique était toujours «mettez-vous en ordre avec Dieu». Les prophètes donnaient des avertissements par rapport à l'avenir qu'ils validaient en citant des exemples de la manière dont Dieu avait agi dans le passé. Ils appelaient les impies à la repentance en leur dépeignant la colère à venir. Ils proclamaient la colère de Dieu contre des individus ou des nations, et cherchaient à inspirer une saine crainte de Dieu dans chaque situation.

Pour autant que les prophètes de l'Ancien Testament fussent concernés, la réconciliation avec Dieu n'était possible que lorsque les gens étaient conscients de la sainte colère de Dieu et avaient une attitude juste face à Dieu. Ces prophéties de «réconciliation» dominent le contenu de la prophétie de l'Ancien Testament. Amos 5, Sophonie 1:14 à 2:3 et Osée 5 sont des passages typiques de cette sorte de prophétie.

Parfois, les prophètes parlaient en termes de bénédiction future et appelaient les fidèles à une plus grande sainteté, comme dans Esaïe 2:2-5. Ils sommaient le peuple de Dieu de vivre d'une manière digne de son appel. Il s'agit seulement d'une manière différente d'exprimer le même message appelant à mettre sa vie en ordre avec Dieu.

Ecouter Dieu

2. Révéler la compassion de Dieu

Moïse était le prophète suprême de l'Ancien Testament et l'accent divinement inspiré qu'il mit sur la justice morale et sociale traverse toute la Loi juive. Nous en avons l'exemple dans Lévitique 19:9-18 et Deutéronome 23:15-25.

La compassion de Dieu fut soulignée par les prophètes plus tardifs. Nous le voyons par exemple dans 2 Chroniques 28:9-15 et Amos 2:6-7; 4:1-3; 8:4-8.

3. Donner un aperçu divin

En Israël, les prophètes étaient souvent appelés «voyants» au sens de «ceux qui voient» parce qu'ils donnaient au peuple à la fois un aperçu divin de l'avenir et un éclairage divin sur des événements contemporains. Nous le voyons notamment dans Deutéronome 18:22 et Esaïe 1:7-9.

Ils rappelaient constamment au peuple ce que Dieu avait fait. Ils utilisaient cette compréhension du passé pour révéler la nature de Dieu. Sur cette base, ils révélaient ensuite ce que Dieu était sur le point de faire. Il ne s'agissait pas d'un jeu de devinettes inspiré mais d'une révélation divine. Ils ne faisaient pas d'extrapolations, ils prophétisaient. Cela veut dire qu'ils disaient ce qu'ils avaient entendu Dieu leur dire au moment où ils l'écoutaient et ce qu'ils savaient de l'immutabilité de son caractère grâce à leur relation avec lui.

Les prophètes appelaient notamment les gens à s'éloigner des faux dieux pour s'approcher du seul vrai Dieu. Ils leur rappelaient comment Dieu avait agi dans le passé avec ceux qui s'étaient éloignés de l'adoration unique de *Yahvé*. Nous pouvons le voir dans Esaïe 41:21-23 et 45:20-22.

Parfois, les prophètes annonçaient des événements qui étaient sur le point d'arriver dans un futur proche et dans un même souffle, avec les mêmes paroles, ils prédisaient un autre événement qui ne devait peut-être avoir lieu que mille ans plus tard.

Dans Deutéronome 18:15, Moïse rassure le peuple sur ce qui allait se passer au moment de sa mort. Il pensait à Josué,

L'écoute prophétique dans l'Ancien Testament

Yoshua, lorsqu'il parlait d'un «prophète du milieu de vous». Mais il s'agissait aussi d'une prédiction à propos d'un autre «*Yeshua*» de Nazareth qui allait s'accomplir quelque 1500 ans plus tard. Esaïe 7:14 est un autre exemple de cette sorte d'aperçu prophétique ou de prophétie pour «maintenant et plus tard».

Certains prophètes ont joué un rôle clef dans des événements nationaux et les deux premiers rois d'Israël, Saül et David, étaient aussi prophètes. Depuis leur époque, il y eut un lien étroit entre le roi oint et le prophète oint.

Parfois, le roi pouvait consulter un prophète pour connaître la pensée de Dieu ou recevoir un conseil divin, comme dans 1 Rois 14:1-18; 2 Rois 6:21-23; 8:7-8; 2 Chroniques 34:22-28. A d'autres occasions, un prophète était envoyé pour confronter un gouvernant avec un message de la part de Dieu, par exemple dans 1 Rois 11:29-39; 13:1-10; 18:1-2. Cela nous rappelle que Dieu «parle» sur tous les sujets de la vie et non pas seulement sur des sujets «spirituels».

4. Annoncer les œuvres de Dieu

Les serviteurs de Dieu, les prophètes, sont les seules personnes que l'Ancien Testament mentionne comme impliquées dans l'opération des miracles. Les signes, les prodiges et les miracles accompagnaient en effet souvent le ministère prophétique.

Seuls ces hommes et ces femmes qui avaient été oints par l'Esprit, étaient capables d'être des «faiseurs» des œuvres divines. Nous le voyons par exemple dans Genèse 20; Nombres 12; 1 Rois 13; 17:7-24; 2 Rois 4:8-37; 20:1-11; 2 Chroniques 25:5-16 et Jérémie 38:14-28.

Comme nous l'avons remarqué dans *Le Ministère dans l'Esprit*, il s'agit d'un partenariat avec Dieu et non d'une capacité personnelle de faire des miracles. Notre responsabilité personnelle est d'écouter Dieu, puis de dire ses paroles et de suivre ses instructions. C'est Dieu qui opère le miracle. Les prophètes ne font qu'annoncer ce qu'ils ont entendu Dieu leur «dire» dans la sphère privée de leur relation intime avec lui.

Ecouter Dieu

5. Intercéder auprès de Dieu

Genèse 20:7 décrit Abraham, le premier prophète comme étant capable de plaider avec succès devant Dieu et ainsi d'amener la situation à changer. L'intercession est au centre de l'appel prophétique car les prophètes sont ceux qui font appel à Dieu et sont appelés dans la présence de Dieu pour être consultés par Dieu.

Exode 18:19 rapporte comment Jéthro a suggéré à Moïse de faire de l'intercession sa priorité. Nombres 27:5 montre que Moïse a mis ce conseil en pratique.

A plusieurs reprises, les prophètes de l'Ancien Testament furent repérés comme des intercesseurs tellement efficaces que des rois les suppliaient de plaider devant Dieu en leur faveur. Nous le voyons par exemple dans 1 Rois 13:6, 2 Rois 19:4 et Zacharie 7:1-3.

L'inspiration prophétique

Il devrait être évident à ce point de notre étude que les prophètes devaient être inspirés par Dieu pour fonctionner prophétiquement. Ils devaient écouter avec attention les aperçus et les instructions que Dieu leur donnait. En d'autres termes, l'écoute prophétique précède toujours l'expression orale prophétique et les actions prophétiques.

L'Ancien Testament rapporte que les prophètes étaient guidés ou inspirés principalement soit par la «Parole de Dieu» ou par «l'Esprit de Dieu».

Nous pouvons dire que certains prophètes comme Moïse, par exemple, étaient des prophètes principalement «inspirés par la Parole» et que d'autres, comme Elie, étaient des prophètes principalement «inspirés par l'Esprit». Mais cette distinction ne doit pas être trop appuyée.

La Parole du Seigneur

L'Ancien Testament suggère que la Parole du Seigneur avait un impact dynamique sur les prophètes, ce qui apparaît très clairement dans Amos 3:8. Les Ecritures utilisent souvent

L'écoute prophétique dans l'Ancien Testament

l'expression «la Parole du Seigneur fut adressée à ...». Elle souligne à la fois que cette parole est vivante dans sa nature et initiée par Dieu.

Les mots «fut adressée à» ou «vint à» traduisent une expression qui serait mieux rendue par «devint activement présente pour», ou, plus simplement par «fut à». Dans Zacharie 1:1, la «venue» de la Parole de Dieu semble prendre la plus grande partie du huitième mois alors que dans Zacharie 1:7, la Parole vient le vingt-quatrième jour du onzième mois. Il semble donc que la venue de la Parole de Dieu puisse se référer à une sensibilisation intérieure au message particulier de Dieu qui se développe au cours du temps, aussi bien qu'à un sens plus immédiat de la voix de Dieu.

Parce que la Parole de Dieu, comme Dieu, est infinie, éternelle et toujours avec nous, la venue de sa Parole peut mettre en lumière une vérité qui est déjà connue ou peut révéler quelque chose qui n'était pas connu jusqu'alors.

Parfois, la Parole de Dieu venait vers les prophètes grâce à une expérience surnaturelle frappante, comme dans Esaïe 6:1-10 et Ezéchiel 1:1-3. Mais à d'autres occasions, elle venait dans le contexte de situations ordinaires comme la vue d'un amandier, de deux paniers de figues ou la visite d'un atelier ou d'un chantier de construction, comme nous le voyons dans Jérémie 1:11; 18:1-4, 24 et Amos 7:7.

Ces incidents montrent que Dieu «disait» sa Parole à ses serviteurs qui l'écoutaient dans l'intimité de leur communion privée avec lui et dans leur vie quotidienne. D'autre part, il la leur communiquait dans un registre ordinaire qu'ils pouvaient comprendre. Ils pouvaient ainsi facilement retransmettre le message.

Le fardeau du Seigneur

Habacuc 1:1 se réfère au *massa* de Dieu. Certaines traductions utilisent l'expression «message» ou «oracle» mais ce mot signifie littéralement une lourde charge ou un lourd fardeau. Ce terme fait allusion au fait que Dieu permet au prophète de

Ecouter Dieu

sentir le poids ou l'intensité de ses sentiments concernant un sujet particulier.

Esaïe ressentit souvent le fardeau du Seigneur au sujet d'autres nations, comme dans Esaïe 13-23. Quant à Jérémie 23:33-40, ce texte montre que les faux prophètes sont un fardeau particulier pour le Seigneur.

Ici encore, cette notion de fardeau apparaît comme une sensibilisation au message de Dieu dans l'esprit du prophète qui se développe dans une communion intime et par une écoute attentive.

L'Esprit du Seigneur
L'Ancien Testament fait apparaître un lien très étroit entre l'Esprit et la prophétie. Nous le voyons par exemple dans Nombres 11:29; 1 Samuel 10, 19:18-24; Michée 3:8 et Joël 2:28.

Il est clair que dans l'Ancien Testament, l'onction de l'Esprit conduit généralement à une activité prophétique. Cette dernière semble plutôt correspondre à un type d'inspiration plus immédiat destiné à une proclamation directe.

Les songes, les visions et les anges
Les prophètes de l'Ancien Testament étaient souvent inspirés par des visions de jour et des songes pendant la nuit. Nous le voyons par exemple dans Nombres 12:6; Esaïe 6; Ezéchiel 12:8; Daniel 7:1 et Zacharie 1:8. Jérémie 23:28 a parfois été utilisé pour dire que les rêves ne sont pas valables en tant que méthode pour certifier une parole du Seigneur. Or, il s'agit d'un passage concernant la fausse prophétie et à d'autres endroits Jérémie semble avoir justement découvert la parole de Dieu par un rêve: Jérémie 31:26.

En comparaison aux rêves et aux visions, la Bible ne mentionne que peu d'exemples où des anges sont envoyés vers les prophètes: 2 Rois 1:3-15; 1 Chroniques 21:18; Daniel 9:21 et Zacharie 1:9 sont les seuls cas mentionnés.

Cela peut être dû au fait que l'appel prophétique est basé sur une relation intime, vécue face à face avec Dieu lui-même;

L'écoute prophétique dans l'Ancien Testament

cela peut aussi être dû au fait que les messagers de Dieu, anges et prophètes, ont une fonction très similaire.

Le ministère prophétique

Bien que les prophètes de l'Ancien Testament fussent inspirés par le même Dieu, *Yahvé*, ils avaient chacun un style différent dans leur ministère, ce qui les distinguait. Esaïe par exemple, est aussi différent d'Ezéchiel que Rembrandt peut l'être de Picasso. Leurs paroles étaient de Dieu, mais ils étaient aussi humains: le ministère prophétique est un authentique partenariat entre un maître et un serviteur, qui se trouvent être de très proches amis.

Les paroles prophétiques

Les prophètes de l'Ancien Testament savaient qu'ils n'étaient que les porte-parole de Dieu. Ils ne faisaient que transmettre la révélation qu'ils avaient reçue par leur écoute prophétique.

Mais l'inspiration divine n'est pas synonyme de dictée divine. Les prophètes recevaient toujours l'essence du rhema directement de Dieu, mais ils coloraient et parfumaient cette «essence» avec leur propre personnalité, arrière-plan et culture.

Ils prononçaient ensuite la «Parole colorée et parfumée» en utilisant toute une gamme de styles humains. Parmi ces divers moyens de communiquer la Parole, aucun n'était plus juste qu'un autre. Ils utilisaient le style qui était le plus approprié pour les personnes particulières auxquelles ils devaient s'adresser.

Dans l'Ancien Testament, nous voyons que les prophètes utilisaient, par exemple, le genre narratif, la prose, des paraboles, le style direct, le ton satirique, les psaumes, les lamentations, la prédication etc.

Quelque fût le style de leur discours, les prophètes n'exprimaient jamais des opinions humaines lorsqu'ils parlaient. Au contraire, la parole qu'ils apportaient provoquait un changement dans la situation visée. Et ce qu'ils annonçaient s'accomplissait toujours.

Ecouter Dieu

Esaïe 40:6-8 et Esaïe 55:11 révèlent la terrible et grandiose puissance de la parole prophétique prononcée et nous considérons cet aspect dans *Le Ministère dans l'Esprit*.

Les vies prophétiques
Comme nous l'avons annoncé, l'appel prophétique ne consiste pas principalement à fonctionner comme un porte-parole mais à vivre dans une relation intime de type «connaître et être connu» avec le Dieu saint. Cela signifie que la vie des prophètes était aussi importante que leurs paroles dans la révélation qu'ils donnaient de Dieu.

Les Ecritures montrent clairement que le mariage malheureux d'Osée était un puissant symbole, que la vie sans compromis de Jérémie était une leçon, qu'Ezéchiel était un signe pour la maison d'Israël et qu'Esaïe et ses enfants étaient des signes et des présages.

La manière dont vivaient les prophètes proclamait le message de la justice et de la réconciliation de Dieu de manière tout aussi puissante que leurs paroles: ce n'était pas pour rien qu'ils étaient des «hommes de Dieu». Nous le voyons par exemple dans Esaïe 8:18; Jérémie 16; Ezéchiel 4:3; 12:6; 24:24 et Osée 1:3.

Les actions prophétiques
Certains prophètes de l'Ancien Testament avaient parfois recours à des actions symboliques qui frappaient les regards pour communiquer la Parole de Dieu aux gens autour d'eux, par exemple dans Exode 17:9, Jérémie 19:1, 10, 11, et Ezéchiel 4:1-3.

Il ne s'agissait pas «d'aides visuelles» mais d'actes prophétiques qui proclamaient d'eux-mêmes ce que les prophètes avaient entendu Dieu leur dire.

Comme nous l'avons noté, beaucoup d'actes prophétiques étaient des signes surnaturels et des miracles. En fait, dans l'Ancien Testament seuls les prophètes sont décrits comme agissant en partenariat avec Dieu pour faire des miracles et

L'écoute prophétique dans l'Ancien Testament

opérer des guérisons. Les vies de Moïse, Elie et Elisée contiennent beaucoup de fameux exemples de cette sorte, mais 1 Rois 13:1–10 montre que Dieu a aussi utilisé d'autres prophètes dans ce domaine.

Les fausses prophéties
Il est important de comprendre que la Bible n'établit pas de test pour détecter les fausses prophéties. Elle donne plutôt une série de principes grâce auxquels nous pouvons distinguer les faux prophètes des vrais prophètes.

Cela nous montre que nous devrions nous concentrer plus sur le fondement de la prophétie, c'est-à-dire une relation d'écoute intime avec Dieu, que sur les paroles ou les actions prophétiques.

Nous considérons ce sujet des faux prophètes et de l'évaluation des révélations dans le chapitre huit. Pour l'instant nous pouvons noter que Moïse propose deux tests dans Deutéronome 13:1–5 et Deutéronome 18:21–22.

Moïse enseigne que les faux prophètes peuvent être reconnus par:

- L'échec de leurs prophéties prédictives (mais le corollaire n'est pas nécessairement vrai: l'accomplissement n'est pas une preuve d'authenticité).

- La manière dont ils appellent les gens à suivre d'autres dieux que le vrai Dieu.

Jérémie 23:9–40 et Ezéchiel 12:21 à 14:11 offrent trois tests supplémentaires:

- Leur style de vie est immoral.

- Ils ne mettent pas l'immoralité en lumière chez les autres.

- Ils invoquent la paix sans s'inquiéter des conditions morales et spirituelles dans lesquelles la paix peut s'établir.

Nous avons établi dans *Le Ministère dans l'Esprit* que la prophétie authentique de l'Ancien Testament est le fondement essentiel sur

Ecouter Dieu

lequel doit s'appuyer toute la compréhension du ministère de notre époque. Nous pouvons maintenant voir à quel point l'écoute prophétique est fondamentale chaque fois qu'une prophétie est donnée dans le contexte biblique. Nous pouvons aussi reconnaître que cette écoute est à la base de tous les aspects de la vie chrétienne.

Or dans ce livre, nous développons notre compréhension du processus selon lequel Dieu parle et les croyants écoutent. Nous reviendrons donc souvent à cette fondation prophétique de l'Ancien Testament.

Nous n'écoutons pas Dieu pour nous réjouir d'un son agréable; nous l'écoutons plutôt afin de pouvoir nous plonger plus profondément dans sa vie et de pouvoir être ensuite envoyés avec sa Parole vers l'Eglise et vers le monde.

L'opposition au prophétique
L'Ancien Testament fait aussi mention d'opposition au ministère prophétique. Elie, par exemple, l'un des prophètes les plus connus de l'Ancien Testament, était appelé et oint par Dieu. Mais il a fait face à une opposition spirituelle colossale contre son ministère prophétique. Cette opposition vint notamment de la reine Jézabel, l'épouse du roi Achab qui tua tant de prophètes de Dieu.

Les paroles et les actes prophétiques oints sont de sérieuses menaces pour les forces de l'ennemi qui répondent toujours avec furie. L'activité prophétique d'Elie provoqua la colère de l'esprit de Jézabel. Le prophète dut faire face à toute la force de sa rage. Le diable hait le peuple prophétique de Dieu et c'est pourquoi il a confié à l'une de ses plus terribles principautés la charge d'orchestrer les forces de ténèbres contre les prophètes.

L'esprit de Jézabel est le même esprit méchant qui tente aujourd'hui d'empêcher le peuple de Dieu d'être efficace dans son rôle prophétique dans l'Eglise et dans le monde. L'Eglise doit être pleinement consciente de cette opposition spirituelle. Elle doit se lever dans la puissance du Saint-Esprit, tout comme Elie. Elie a confronté les faux dieux et les faux prophètes de son temps. Il a appelé le peuple à retourner à Dieu et a finalement brisé l'emprise de Jézabel sur la nation.

Chapitre Six

L'écoute prophétique dans le Nouveau Testament

Dans Deutéronome 18:14-20, nous avons vu que Moïse a prophétiquement préparé le peuple d'Israël au leadership de Josué et, en utilisant les mêmes mots, a aussi annoncé prophétiquement que Dieu leur enverrait, un jour, un prophète qui serait comme lui.

Plus tard, à l'époque de Jésus, les Juifs s'attendaient donc à ce que leur Messie promis soit un second Moïse. Il devait être un autre prophète auquel Dieu se révélerait lui-même avec autant d'intimité que dans Nombres 12:6-8. Ils s'attendaient à ce qu'il soit un autre serviteur qui répéterait, à grande échelle, les œuvres miraculeuses de l'Exode.

Lorsque les prêtres et les Lévites interrogèrent Jean-Baptiste, dans Jean 1:19-25, ils voulaient vraiment savoir si Jean était «le Prophète», celui qui avait été prophétisé par Moïse dans Deutéronome 18:15-20. Actes 3:22-24 montre que Pierre croyait que le prophète suprême et tant attendu était bien Jésus.

Même si à cette époque, la plupart des gens ne croyaient pas que Jésus fut divin, et que seulement peu de gens avaient réalisé qu'il était le Messie, beaucoup de Juifs reconnaissaient que Jésus était «un» prophète, sinon «le» prophète. Par exemple, nous voyons que:

◆ Cléopas réalisa que Jésus était un prophète à cause des choses qu'il avait faites et dites – Luc 24:19.

◆ La femme samaritaine au puits de Jacob comprit que Jésus était un prophète lorsque l'Esprit lui parla de ses maris successifs – Jean 4:18.

Ecouter Dieu

- Les foules reçurent Jésus comme un prophète lorsqu'il nourrit les cinq mille hommes – Jean 6:14.
- Ils l'ont aussi reçu comme un prophète lorsqu'il arriva à Jérusalem sur l'ânon – Matthieu 21:11.
- Les ennemis de Christ se sont référés à lui comme étant un prophète lors de la dispute avec Nicodème – Jean 7:52.
- Jésus semblait se considérer lui-même comme un prophète – Matthieu 13:57.

Jésus «le» prophète
Jésus était à la fois «le» grand prophète de Nombres 12:6–8 et Deutéronome 18:14–17 et «le» prophète Serviteur Souffrant de Dieu qui accomplit parfaitement les quatre cantiques prophétiques d'Esaïe 42:1–9; 49:1–7; 50:4–11 et 52:13 à 53:12.

Nous pouvons dire qu'au cours de sa vie et de son ministère terrestre, Jésus a manifesté tous les signes d'un prophète extraordinaire. Par exemple:

Il connaissait Dieu
Les prophètes de l'Ancien Testament étaient proches du cœur de Dieu mais Jean 1:18 montre que Jésus est celui qui a été le plus proche du cœur du Père.

Les prophètes partageaient les secrets de Dieu. Toutefois, Matthieu 11:27 suggère que Jésus avait un degré d'intimité avec Dieu même plus grand que celui dont Moïse jouissait. Les prophètes connaissaient Dieu et le révélaient par leur vie, leurs paroles et leurs actes; mais seul Jésus a connu et révélé le Père parfaitement.

Nous savons que Jésus est le Fils de Dieu, l'Agneau de Dieu, la Parole Personnelle de Dieu, la Lumière du Monde etc. En tant que tel, il est le plus grand et le plus parfait révélateur de Dieu le Père. Nous approfondirons cet aspect des choses dans *Connaître le Père* et *Connaître le Fils*.

L'écoute prophétique dans le Nouveau Testament

Il écoutait et obéissait

Si l'Evangile de Jean met un accent beaucoup plus grand sur la divinité de Jésus que le font les autres Evangiles, c'est aussi l'Evangile qui insiste le plus pour dire que Jésus était totalement soumis à l'autorité du Père. Il montre clairement que Jésus n'allait nulle part et ne faisait rien sans l'initiative du Père. Il ne parlait et n'agissait que sur l'ordre de son Père. Le Père avait l'initiative et le Fils marchait dans l'obéissance. Nous le voyons par exemple dans Jean 4:34; 5:19, 30; 6:38; 7:28–29; 8:28–29; 10:18 et 12:49–50.

Cela signifie que l'écoute prophétique et l'obéissance à l'Evangile sont les fondements de la vie et du ministère de Jésus. Il est «l'envoyé» qui, comme les prophètes de l'Ancien Testament, répond dans l'obéissance à la fois aux convocations divines, à Dieu et à la mission prophétique qu'il entend dans son esprit alors qu'il est à l'écoute. Il écoute, obéit et agit sur ce qu'il entend.

Matthieu 15:24 montre que Jésus a été envoyé dans un domaine clairement défini avec un appel prophétique unique. Il devait prophétiser à certaines personnes, à un endroit particulier et pour une période de temps limitée.

La manière soudaine dont l'activité prophétique fait son entrée, comme nous le voyons par exemple dans le cas d'Elie et d'Amos, se retrouve dans la vie de Jésus. Un jour il est le charpentier que personne n'a remarqué, le jour suivant, il est appelé, oint publiquement et envoyé.

Six semaines plus tard, seulement, Jésus guérissait les malades, chassait les démons, et prononçait les puissantes paroles de Dieu, avec une autorité qui étonnait ceux qui le rencontraient.

Il disait les paroles de Dieu

Nous avons remarqué que les prophètes sont les porte-parole de Dieu. Ils annoncent ses pensées et ses explications, pas les leur. Jean 12:49–50 et 14:10 sont des passages qui montrent que Jésus ne prétendait pas être l'auteur de ce qu'il disait:

Ecouter Dieu

toutes les paroles qu'il prononçait, c'était le Père qui les lui avait dites. Ses paroles prophétiques étaient basées entièrement sur son écoute prophétique.

Il opérait les œuvres de Dieu
Mais Jésus ne résumait pas tout son ministère à des paroles, sans actions. Il était le Prophète puissant en paroles et en œuvres. Comme tant des prophètes qui l'avaient précédé, les paroles de Jésus étaient confirmées par ses œuvres.

A différents moments de l'histoire de l'Eglise, certains croyants ont tellement mis l'accent sur la divinité de Jésus et ont tellement défendu ce point qu'ils ont presque déshumanisé Jésus. Pourtant nous savons qu'il était à la fois pleinement Dieu et pleinement homme.

D'autre part, une trop grande insistance sur la divinité de Jésus peut donner l'impression que Jésus guérissait les malades et opérait des miracles parce qu'il était Dieu. Toutefois si cette interprétation était juste, elle sèmerait le doute sur les promesses faites par Jésus à ses disciples selon lesquelles ils feraient des «œuvres plus grandes» et suivant lesquelles les «signes» les «accompagneraient».

Les serviteurs prophètes de l'Ancien Testament étaient partenaires avec Dieu dans la guérison des malades, la résurrection des morts et l'opération des prodiges parce qu'ils avaient été oints de l'Esprit de Dieu et parce qu'ils écoutaient Dieu attentivement et suivaient ses instructions avec un grand soin.

De même, Jésus faisait les œuvres de Dieu parce qu'il était un homme humble, serviteur, qui était plein de l'Esprit de Dieu, qui écoutait son Père et qui limitait ses paroles et ses actions aux instructions divines reçues. Dans Jean 9:17 un aveugle a reconnu Jésus comme un prophète parce qu'il avait ouvert ses yeux: pour lui, le miracle était une évidence de l'appel prophétique de Jésus, il n'était pas synonyme de divinité.

Comme nous l'avons noté dans *Le Ministère de l'Esprit*, cette vérité importante signifie que les miracles sont accessibles à

L'écoute prophétique dans le Nouveau Testament

tous les croyants qui ont été oints de l'Esprit, qui continuent à écouter Dieu avec attention et à lui répondre avec l'obéissance de l'Evangile.

Le lien vétérotestamentaire entre la prophétie et l'Esprit atteint son point culminant dans la vie de Jésus. Actes 10:34-48 apporte le discours de Pierre adressé à la maison de Corneille. En citant Esaïe 61:1 et en appliquant ce texte à Jésus, Pierre montre clairement que c'est l'onction publique de l'Esprit qui fait la différence dans la vie de Jésus.

Le baptême de Jésus fut un point tournant de sa vie. Au moment où il remonte des eaux du Jourdain dans Matthieu 3:16-17, l'Esprit vient sur lui. Bien sûr, Jésus avait été le Christ, le Messie, le «oint» de toute éternité; mais à ce moment précis de son onction publique, le Fils de Dieu était mis à part en tant que prophète bien-aimé oint de l'Esprit. Il recevait une convocation spéciale dans l'intimité du Père en vue de la mission unique de parler en serviteur et de servir comme sacrifice.

Il a oint les autres

L'Ancien Testament rapporte que certains prophètes ont dévoilé ceux que Dieu avait choisis afin qu'ils servent en tant que rois et prophètes.

Il montre qu'ils les ont ensuite oints pour le service. Nous le voyons par exemple dans 1 Rois 19:15-16.

Ce modèle se retrouve dans le Nouveau Testament et Jean-Baptiste présente prophétiquement Jésus comme celui qui baptiserait ou oindrait les gens dans l'Esprit. Cette vérité est tellement vitale que c'est le seul incident qui est décrit dans les quatre Evangiles et dans les Actes: Matthieu 3:1-12; Marc 1:1-8; Luc 3:1-18; Jean 1:19-34 et Actes 1:1-5.

Lorsque Jésus est remonté au ciel, son activité prophétique consistait à oindre son épouse du Saint-Esprit, à envoyer et équiper l'église en tant que race de prophètes, à convoquer son peuple dans une écoute faite d'intimité et à nous envoyer dans le monde comme ses partenaires et serviteurs prophétiques.

Ecouter Dieu

Nous considérons cet aspect dans *Connaître l'Esprit* et *Le Ministère dans l'Esprit*.

Il intercédait auprès de Dieu
Après son ascension, la seconde action prophétique de Jésus fut d'intercéder à la droite du Père. Nous le voyons dans Romains 8:34 et Hébreux 7:25.

Nous avons noté que les prophètes étaient les intercesseurs de l'Ancien Testament et que la vie de Jésus était, elle aussi, remplie de prière d'écoute et d'intercession. Les Evangiles rapportent par exemple que Jésus priait:

- Tôt le matin – Marc 1:35
- Tard le soir – Luc 6:12
- A son baptême – Luc 3:21
- Après un long temps de ministère – Marc 1:35; 6:46, Luc 5:16
- Pendant toute une nuit avant de choisir les douze disciples – Luc 6:12
- Seul dans la présence de ses disciples – Luc 9:18
- Lors de sa transfiguration – Luc 9:28-29
- Après le dernier repas – Jean 17
- A Gethsémané – Marc 14:32, Luc 22:41
- Pour Pierre – Luc 22:32
- Pour des petits enfants – Matthieu 19:13-15
- Lors de sa crucifixion – Luc 23:34
- Après sa résurrection – Luc 24:30
- Après son ascension – Jean 14:16.

L'intercession prophétique de Jésus est particulièrement visible dans Jean 17. Il prie pour lui-même, pour les onze disciples et pour nous.

L'écoute prophétique dans le Nouveau Testament

Nous considérons ces choses plus à fond dans *La prière efficace*.

Il était fidèle à la vérité, la justice et la compassion de Dieu Jésus était totalement engagé par rapport à la vérité de Dieu et Jean 14:6 montre qu'il était l'incarnation vivante de cette vérité. Au cours de toute sa vie, Jésus a été caractérisé et motivé par la compassion de Dieu – nous le voyons par exemple, dans Matthieu 15:32; 20:34, Luc 7:13 et 10:33.

Des passages tels que Jean 8:1-12 et Matthieu 23:23 laissent entendre que la vérité sans la compassion n'est pas la vérité de Dieu. L'ensemble du Sermon sur la Montagne, Matthieu 5-7, correspond à une exposition faite par Jésus sur la manière dont nous devons vivre selon Dieu, pleine de vérité et de compassion. Nous considérons ces choses dans *Le règne de Dieu*. Nous y voyons comment la domination personnelle de Jésus accomplit et surpasse même les instructions inspirées des prophètes de l'Ancien Testament.

Il a apporté des révélations divines

Jésus a suivi les traces des prophètes qui l'ont précédé de toutes les manières possibles. Il a même été crucifié en tant que faux prophète. Dans Matthieu 26:64-68, Jésus reconnaît en effet qu'il est le Messie puis se révèle comme le Seigneur du Psaume 110 et le mystérieux personnage de Daniel 7:13. La réponse du Sanhédrin à ces audacieuses proclamations fut de considérer Jésus comme un faux prophète et de réclamer sa mort.

Jésus a même été un vrai prophète dans la manière dont il a donné des révélations divines dans des situations locales et des vies individuelles. Nous le voyons par exemple dans Matthieu 11:20-24 et Jean 21:15-19.

Il a aussi parlé de manière prédictive, exactement comme l'avaient fait les prophètes de l'Ancien Testament. Les paroles de Jésus dans Luc 21:20-24 ont été prononcées en l'an 33 environ. En l'an 70, soit trente-sept ans plus tard, l'armée romaine, conduite par Titus encercla Jérusalem. La

Ecouter Dieu

communauté chrétienne se souvint de cette prophétie de Jésus. Ils évacuèrent la ville et furent guidés vers Pella: les récits de l'époque rapportent qu'aucun croyant ne fut capturé ou tué dans le massacre qui s'ensuivit. La précision de cette prophétie devrait nous assurer que les autres prophéties de Jésus écrites dans Luc 21:25-28 s'accompliront également.

Plus qu'un prophète
La plupart des fausses religions reconnaissent que Jésus est un prophète. Il est du reste possible que le fait même qu'elles admettent cette vérité soit une raison pour laquelle certaines parties de l'Eglise apportent si peu d'attention à l'appel et l'activité prophétiques de Jésus.

Pourtant Jésus était bien plus que «juste un nouveau prophète». Sa naissance, sa vie, son ministère, sa mort, sa résurrection, son ascension et son activité ointe à la Pentecôte confirment tout ce que les prophètes de l'Ancien Testament avaient annoncé. Et Actes 10:43 identifie Jésus comme celui auquel tous les autres prophètes rendent témoignage. En fait plus de trois cent prophéties détaillées de l'Ancien Testament se sont réalisées durant sa vie.

Un prophète ne peut rien faire de plus que de dire ou démontrer la Parole de Dieu, mais Jésus était la Parole incarnée. Et Apocalypse 19:10 nous enseigne que toute prophétie devrait être le fait de l'Esprit de Jésus et lui rendre témoignage. Cela montre à la fois que Jésus est le prophète suprême et que tous les autres prophètes devraient pointer sur lui.

Nous pouvons dire que Jésus est:

- ◆ Notre exemple dans la prophétie.
- ◆ La source de notre prophétie.
- ◆ L'objet de notre prophétie.

L'écoute prophétique dans le Nouveau Testament

La prophétie dans la première église

A la Pentecôte, l'onction de Jésus ou son activité de baptiseur ont inauguré une nouvelle ère prophétique. La compréhension de base de l'Ancien Testament de la prophétie était conservée mais l'Eglise, plutôt que des individus isolés, devint le centre de l'activité prophétique. Ainsi l'écoute prophétique et la vie prophétique devinrent des éléments clefs dans l'église.

Le livre des Actes rapporte comment le Christ ressuscité a dirigé la première Eglise par des révélations prophétiques. Nous voyons par exemple:

- Actes 5:1-11 – Pierre dévoile Ananias et Saphira prophétiquement et annonce le jugement de Dieu.
- Actes 8:20-24 – Pierre révèle prophétiquement les pensées et la motivation cachées de Simon.
- Actes 9:10-19 – Ananias reçoit une révélation prophétique sur la conversion de Paul et son futur ministère.
- Actes 10:1-19 – Corneille et Pierre reçoivent des visions prophétiques qui les guident et provoquent la conversion de la maison de Corneille.
- Actes 11:27-30 – Agabus prédit prophétiquement une famine en Judée.
- Actes 13:1-4 – Paul et Barnabas furent envoyés en voyage missionnaire par une confirmation prophétique et une révélation de la volonté de Dieu.
- Actes 13:9-12 – Paul annonce prophétiquement le jugement de Dieu sur Elymas lorsque celui-ci empêche le Proconsul de venir à la foi en Christ.
- Actes 14:9 – Paul reçoit la révélation prophétique selon laquelle l'infirme avait la foi pour être guéri.
- Actes 15:13-19 – Jacques prononce une parole

prophétique de sagesse lors de la réunion de Jérusalem à propos de la question des Gentils qui sont venus à la foi.

- Actes 15:32 – A Antioche, Jude et Silas exercent le ministère prophétique consistant à fortifier et encourager.

- Actes 16:6-7 – Le second voyage missionnaire de Paul a été dirigé prophétiquement par l'Esprit.

- Actes 21:9 – Philippe avait quatre filles qui prophétisaient.

- Actes 21:10-11 – Agabus prédit prophétiquement ce qui devait arriver à Paul.

- Actes 27:23-26 – Paul reçoit une révélation prophétique sur le naufrage à venir.

Apocalypse 11:3-13 montre que la prophétie et le témoignage prophétique font partie des priorités de Dieu dans les derniers jours – ils n'ont pas cessé avec la première église et le dernier chapitre des Actes.

Les deux lampes semblent se référer à Moïse et Elie, les témoins de la transfiguration de Jésus. Comme nous l'avons vu, ils sont les exemples suprêmes, dans l'Ancien Testament, de la prophétie inspirée sur le mode de la «Parole» et «l'Esprit» et ce passage nous montre que ces deux aspects de la prophétie perdurent après la Pentecôte et jusqu'à la fin des temps.

Les deux oliviers semblent symboliser Josué et Zorobabel dans Zacharie 3-4. Ils étaient les leaders spirituels et civils de la communauté rapatriée qui restauraient Jérusalem et le Temple après l'exil.

Cela porte à penser que la prophétie devrait être dirigée à la fois vers les domaines spirituels et séculiers et non pas seulement adressée à l'Eglise.

Josué et Zorobabel étaient les deux leaders qui ont construit le nouveau Temple. Or rien ne construit l'Eglise si bien que l'écoute prophétique et la vie prophétique. En enseignant que

L'écoute prophétique dans le Nouveau Testament

les prophètes font partie de la fondation de l'Eglise, Ephésiens 2:20 préfigure Apocalypse 11.

Un peuple prophétique
Nombres 11:16-30 rapporte comment le fardeau prophétique de Moïse ne pouvait être partagé qu'avec ceux qui avaient reçu l'Esprit.

Lorsque Josué s'enquit de savoir pourquoi Eldad et Medad prophétisaient, Moïse lui répondit par une prière prophétique importante.

Dieu entendit cette prière et Joël 2:28-29 annonça à l'avance la réponse de Dieu. Dieu a tenu promesse à la Pentecôte lorsque Jésus a déversé son Esprit sans restriction sur l'Eglise.

Lorsque Pierre cita la prophétie de Joël, dans Actes 2:18, il fut inspiré d'ajouter la phrase importante «et ils prophétiseront». Cela montre que depuis la Pentecôte, la possibilité de l'écoute prophétique, de la proclamation prophétique et des actions prophétiques est ouverte à tous les croyants qui ont été oints du Saint-Esprit.

Comme nous l'avons vu dans *Connaître l'Esprit*, il n'y avait pas de limites au don de l'Esprit le jour de la Pentecôte, et aucune restriction sur sa réception. Potentiellement, tous les croyants, hommes ou femmes, jeunes et vieux, éduqués ou illettrés, peuvent prophétiser.

Lorsque Pierre a mentionné la prophétie dans Actes 2:18, il entendait sûrement que toute l'église exercerait le ministère comme les prophètes de l'Ancien Testament.

Cela signifie qu'à cause de l'effusion de l'Esprit à la Pentecôte, tout le peuple de Dieu peut être composé «d'hommes de Dieu», de «serviteurs de Dieu», «d'appelés qui appellent», de «vus et voyants».

Tous les croyants rachetés et oints peuvent par exemple maintenant:
- ♦ Entrer dans la présence de Dieu
- ♦ Ecouter les secrets de Dieu

Ecouter Dieu

- Transmettre les pensées de Dieu à propos de la réconciliation, la justice et des événements
- Prédire et proclamer
- Intercéder
- Etre inspirés par la «Parole» et «l'Esprit»
- Recevoir des rêves et des visions
- Ecouter, parler, vivre et participer au miraculeux.

Il est toutefois important de reconnaître que la promesse de Pierre n'était pas que tous les croyants seraient prophètes, mais que tous pourraient prophétiser. La différence est de poids.

La prophétie exercée dans la première église apparaissait dans la conduite quotidienne des croyants ordinaires du livre des Actes; mais il y avait néanmoins quelques rares individus qui étaient appelés prophètes.

Comme nous le voyons dans *Le Ministère dans l'Esprit*, il en est de même dans d'autres domaines du ministère. Tous sont chargés d'évangéliser, mais tous ne sont pas évangélistes. Tous reçoivent le commandement de guérir, mais tous ne sont pas dans le ministère de guérison. Tous sont appelés à enseigner, mais tous ne sont pas enseignants etc.

Le témoignage prophétique

Le Nouveau Testament souligne que la prophétie fait partie de l'ensemble du témoignage de l'Eglise. *Marturia*, «témoin», est le terme général qui désigne l'activité de l'Eglise tournée sur l'extérieur pour atteindre les perdus. *Kerugma*, la «prédication» et *propheteia*, la prophétie sont divers aspects de ce témoignage.

Ce thème est développé dans Apocalypse 19:10. Ce texte ne dit pas que toute prophétie devrait être un témoignage mais plutôt que toute prophétie devrait être le même témoignage que celui de Jésus.

Cela signifie que dans notre écoute prophétique nous devrions écouter Dieu comme Jésus l'a écouté, et que nos

L'écoute prophétique dans le Nouveau Testament

paroles et nos actions prophétiques devraient attirer les gens vers Dieu comme Jésus a attiré leur attention sur Dieu.

La prophétie du Nouveau Testament se concentre toujours sur ce que Dieu est en train de faire, de penser et de dire. Elle ne s'arrête pas à la réponse humaine. Dit plus simplement, le message prophétique essentiel de la première église adressé aux Juifs était le suivant: «Dieu est en colère contre vous, parce que vous avez rejeté et crucifié le Messie.» Les paroles prophétiques ainsi données pointaient sur Dieu et sa colère, et non sur les Juifs.

Comme dans l'Ancien Testament, l'exercice de la prophétie dans la première église encourageait souvent à une saine crainte de Dieu. Parfois en effet, les croyants annonçaient de «mauvaises» nouvelles.

Lorsque la réponse humaine à leur prophétie était: «que devons-nous faire pour être sauvés...», à ce moment-là l'évangélisation pouvait vraiment prendre place. C'est l'évangélisation, et non la prophétie, qui se concentre sur la réponse humaine à l'appel de Dieu.

La prophétie et l'Ecriture
Certains responsables d'église s'opposent à la prophétie personnelle et à celle qui s'adresse à une congrégation. Ils basent leur argumentation sur la suprématie de la Bible. Ils considèrent par conséquent que la prophétie ne peut être qu'une répétition de la Bible ou une fausse prophétie. Pourtant le livre qu'ils essayent de défendre contient beaucoup d'encouragements à prophétiser et beaucoup de recommandations sur la prophétie.

Comme nous l'avons vu, la Parole écrite de Dieu possède une autorité unique qui ne pourra jamais être égalée. Elle s'adresse à tout le monde, en tout temps, en tout lieu, alors que la prophétie est destinée à un individu ou un groupe particulier de gens, à un endroit précis et à un moment spécifique.

Le principe biblique est clair: aucune prophétie ne doit ajouter quelque chose à l'Ecriture ou différer de l'Ecriture: au

Ecouter Dieu

lieu de cela toute vraie prophétie est un élément essentiel et une application directe de l'Ecriture.

2 Pierre 1:19 est sans équivoques. Toutefois, le terme fixé dans ce verset: «jusqu'à», ainsi que la référence de 1 Corinthiens 13:8-9 à une fin de l'imperfection ont conduit certains à une conclusion particulière. Selon eux, la prophétie a cessé au moment où la Bible a été complète.

Mais si cette hypothèse était vraie, nous devrions aussi en conclure que nous vivons à une époque où toute connaissance a cessé, le Jour du Seigneur a paru, l'étoile du matin s'est levée et nous pouvons voir Christ face à face!

La prophétie et l'opposition
Le Nouveau Testament nous rappelle que les prophètes de l'Ancien Testament étaient rejetés et persécutés et nous promet que le même sort attend tous ceux qui prophétisent. Matthieu 5:11-12 et Luc 11:49 montrent cela en partie, mais ce thème est plus développé dans le livre de l'Apocalypse.

Apocalypse 6:9 déclare qu'un certain nombre de saints seront tués à cause de la Parole et de leur témoignage prophétique rendu à cette parole. Et Apocalypse 12:17 révèle l'opposition extrême du «dragon» à ceux qui obéissent à Dieu et rendent témoignage de Jésus, ce qui inclut l'écoute et la vie prophétique.

Les prophètes dans la première église
Ephésiens 4:7-16 montre que les prophètes étaient l'un des dons particuliers de Christ à son Eglise après son ascension. Il les a donnés pour aider à construire son Eglise et nous considérons leur rôle dans *La gloire dans l'église*.

Les prophètes n'étaient pas choisis par la première église ni choisis par les anciens. Les responsables de la première église reconnaissaient que certains hommes ou certaines femmes délivraient régulièrement des prophéties de la part de Dieu. Ils étaient simplement ceux qui prophétisaient plus fréquemment que les autres.

L'écoute prophétique dans le Nouveau Testament

Les prophètes sont habituellement associés au ministère des apôtres. Ephésiens 2:20 nous enseigne que c'est leur rôle dans la fondation de l'église qui leur donne cette place à côté des apôtres. Ephésiens 3:5 révèle qu'avec les apôtres, les prophètes révèlent le mystère, inconnu des générations précédentes, que les païens sont participants à l'héritage d'Israël. Ces précisions laissent à penser que les prophètes ont un rôle important à jouer dans l'établissement de nouvelles Eglises.

Dans Actes 13:1-3, les prophètes d'Antioche étaient occupés à adorer Dieu lorsqu'ils furent chargés par le Saint-Esprit de consacrer Barnabas et Saul à l'œuvre qui leur avait déjà été révélée. Leur appel intérieur était maintenant confirmé par l'appel extérieur des prophètes.

De même que les prophètes de l'Ancien Testament oignaient les rois et les mettaient à part pour régner, de même les prophètes de la première église imposaient les mains sur les ministres et les consacraient pour le service. 1 Timothée 1:18; 4:14 et 2 Timothée 1:6 illustrent cela.

Cet aspect du ministère prophétique n'indique pas que les prophètes avaient un rôle gouvernemental dans l'église. Ils transmettaient simplement la Parole de Dieu et les anciens dirigeants ou anciens de l'église prenaient les décisions nécessaires à la lumière de la révélation prophétique particulière. Certains avanceront qu'un prophète, comme tout autre ministère d'Ephésiens 4:11 pouvait être ancien et dans ce sens exercer une autorité. C'est vrai. Toutefois dans cet exemple, le prophète gouvernait l'église en tant qu'ancien et non en tant que prophète. En d'autres termes, le prophète ne gouvernait pas par sa prophétie.

Dans Actes 21:10-14 le prophète Agabus rendit visite à Paul. Il l'avertit par une action prophétique et une parole prophétique de ce qui allait avoir lieu. Cette prophétie n'avait pas été donnée pour empêcher Paul d'aller à Jérusalem mais pour l'avertir de ce qui arriverait s'il y allait. Cette révélation divine signifiait que Paul était préparé spirituellement et

Ecouter Dieu

mentalement lorsque l'émeute éclata et qu'il reconnaissait la volonté de Dieu dans ses circonstances personnelles.

Dans Actes 11:27-30, Agabus se fit aussi l'écho des prophètes qui l'avaient précédé et de leur cri pour la justice sociale. Il révélait ainsi le grand intérêt de l'Esprit pour l'assistance à apporter lors de la famine. Animé par l'Esprit, Agabus prédit la grande famine des années 49-50 A.D. qui balaya l'Empire romain d'Est en Ouest. Cette révélation permit à l'église de se préparer de manière adéquate.

Ici encore, nous devons noter qu'Agabus s'est concentré essentiellement sur ce que Dieu était en train de faire. Il n'a pas exigé une réponse humaine à sa prophétie. Il n'a pas donné aux gens l'instruction de faire une collecte. Il les a simplement avertis de se préparer à une famine imminente. Cet incident, faisant écho à Genèse 41, est un vrai plan de secours pour la famine dans la mesure où les provisions sont faites avant que la pénurie se fasse sentir.

Ces versets démontrent que dans la première église, les prophètes étaient:

- Officiels – leur office était reconnu par les responsables de l'église.
- Supra locaux – ils voyageaient d'église en églises
- Inspirés – ils étaient oints et inspirés par le Saint-Esprit.
- Prédictifs – ils annonçaient ce que Dieu était sur le point de faire.
- Directifs – ils conduisaient les croyants à agir de manière spécifique
- Pratiques – ils étaient concernés par des situations tout à fait pratiques.
- Révélateurs – ils enseignaient la Parole de Dieu.

L'écoute prophétique dans le Nouveau Testament

Le don de prophétie

Le Nouveau Testament présente le don de prophétie à l'Eglise. Il s'agit d'un don particulier du Saint-Esprit et ne représente qu'un aspect de la prophétie. Ce don n'est pas la somme de tout ce qui est prophétie, mais il en est un élément important.

Comme nous le verrons, il est juste d'insister sur ce don, mais non au détriment des autres aspects de la prophétie.

Nous apprenons ce qui concerne ce don dans 1 Corinthiens 12 et 14. Ces chapitres sont écrits dans le contexte d'un enseignement sur l'adoration publique, notamment au moment du repas du Seigneur. Cet arrière-plan montre que le don de prophétie est probablement un aspect de la prophétie qui est particulièrement adapté aux réunions publiques de l'église.

Le verbe grec clef de 1 Corinthiens 14 est *oikodomeo*. Ce terme est habituellement traduit par «édifier» mais il signifie en réalité «construire ensemble afin d'encourager». Si notre plus profond désir est de voir l'Eglise construite dans l'unité et encouragée, nous devrions porter une attention spéciale à ce chapitre.

Etre zélé pour la prophétie

1 Corinthiens 14:1, 12 et 39 sont des passages qui instruisent les croyants chrétiens à *zeloo* activement à la prophétie. Il s'agit ici d'un verbe grec très fort qui signifie: «avoir un grand zèle» ou «soupirer après quelque chose».

Si nous désirons profondément que Dieu nous parle, nous ferons de l'écoute de Dieu une priorité dans notre vie. Nous ne démontrons pas notre «soupir» après la prophétie en demandant à Dieu de parler. Notre fort désir se manifeste lorsque nous l'écoutons avec plus de zèle – parce que nous savons que c'est sa volonté et sa nature de nous révéler sa Parole.

Ecouter Dieu

La prophétie s'adresse à des personnes
1 Corinthiens 14:3 montre que le don de prophétie est essentiellement dirigé de Dieu vers l'homme.

Lorsque les paroles de nos prières sont dirigées vers Dieu et que notre adoration est vraiment inspirée par l'Esprit, il n'est pas faux de les décrire comme étant «prophétiques». Toutefois ce passage se préoccupe de l'aspect particulier de la prophétie qui est le don spirituel. Or ce dernier est entièrement dirigé sur l'homme.

Dans le passé, certaines églises n'ont pas fait la distinction entre *diermeneuo* «interpréter» et *propheteuo* «prophétiser». 1 Corinthiens 14:5 montre que les langues et l'interprétation ont une valeur identique pour la prophétie mais qu'elles ne sont pas équivalentes à la prophétie. Ces deux dons édifient l'Eglise mais les versets 2 et 3 montrent qu'ils le font en partant de directions opposées.

Chaque fois que nous prions en langues ou interprétons une langue ou manifestons un «don» spirituel quelconque, il y a un certain élément d'expression prophétique qui y est attaché, car nous avons entendu Dieu et nous prononçons ses paroles dans l'obéissance de l'Evangile. Mais nous n'exerçons pas le don précis de prophétie pour autant. En effet, dans la gamme étendue de la prophétie, le don de prophétie est l'élément qui s'adresse exclusivement à l'homme.

La prophétie construit, exhorte et console:
1 Corinthiens 14:3 montre que le don de prophétie apporte:

- *Oikodome* – l'édification: le don est positif, pas négatif, il nous construit ensemble pour nous encourager de manière constructive dans l'église.

- *Paraklesis* – l'exhortation: il révèle ce que Dieu est en train de faire et nous appelle à nous conformer à ce que Dieu fait, à nous placer aux côtés de Dieu dans ce qu'il est en train de faire.

L'écoute prophétique dans le Nouveau Testament

- *Paramuthia* – la consolation: c'est un «langage proche». C'est Dieu qui souffle un tendre message de consolation à l'oreille de ses amis et de ses serviteurs.

La prophétie construit les autres

La prophétie est un don consistant à se donner soi-même et se vider soi-même. 1 Corinthiens 14:4 déclare que ceux qui prophétisent ne cherchent pas à s'édifier eux-mêmes. Plutôt que cela, ils construisent les membres de l'Eglise dans l'unité et les encouragent. (Bien sûr, faisant eux-mêmes partie de l'Eglise, ils sont eux aussi construits par leur prophétie, mais ce n'est pas leur intention première.)

La prophétie est un don constructif et positif. Il ne détruit pas et ne démolit pas. Cet aspect de la prophétie apparaît au verset 26.

La prophétie est importante

1 Corinthiens 14:5 montre que la prophétie est importante, et que nous ne devons pas la traiter à la légère. Nous sommes appelés à respecter ces hommes et ces femmes auxquels Dieu a confié un message particulier dans une occasion donnée.

La prophétie n'est pas nécessairement spontanée

1 Corinthiens 14:26 laisse entendre que les membres de l'église devraient passer du temps à se préparer avec attention pour les réunions d'église, se mettant à l'écoute de Dieu concernant toute contribution que Dieu voudrait qu'ils puissent apporter dans l'adoration.

Cela signifie que toute contribution spirituelle, un chant, une parole, une langue, une interprétation, une prophétie etc. peut être donnée par l'Esprit à l'avance. 1 Corinthiens 14:30 montre toutefois qu'il y a vraiment une place pour la prophétie spontanée dans l'adoration publique.

Ecouter Dieu

La prophétie révèle
1 Corinthiens 14:26 place *l'apokalupsis* dans la liste des contributions que les croyants peuvent faire dans une réunion d'église. Ce terme est habituellement traduit par «révélation» et signifie le dévoilement, la révélation de quelque chose qui n'était pas encore connu. Il se réfère clairement aux prophéties.

Jusque-là, nous nous sommes référés à la prophétie comme à la Parole «maintenant» de Dieu. *Apokalupsis* signifie que nous pouvons peut-être aussi décrire la prophétie comme la Parole «nouvelle» de Dieu.

Bien sûr, aucune prophétie n'est jamais nouvelle pour Dieu et elle est toujours complètement cohérente par rapport à la nature de Dieu et sa Parole telle qu'elle s'exprime dans l'Ecriture. Elle s'aligne avec le témoignage de Jésus. Parfois, toutefois, une révélation prophétique sera nouvelle pour nous, dans le sens que c'est un dévoilement neuf d'un aspect particulier de la Parole éternelle et immuable de Dieu.

La prophétie doit être jugée
1 Corinthiens 14:29–32 montre clairement que la prophétie doit être jugée ou testée. Nous considérons cet aspect dans le chapitre huit.

La prophétie est pour tous les croyants
1 Corinthiens 14:31 souligne que ce don est pour tous les croyants. Depuis la Pentecôte, tous ceux qui ont été oints de l'Esprit, qui continuent à écouter Dieu et à répondre à sa Parole par une obéissance à l'Evangile peuvent prophétiser. Cela arrivera lorsque les églises commenceront à être zélées pour la prophétie et lorsqu'elles manifesteront ce zèle en faisant de l'écoute prophétique une plus grande priorité.

Dans l'ordre et la bienséance
1 Corinthiens 14:40 enseigne que «toutes choses», donc également le don de prophétie, doivent être faites avec:

L'écoute prophétique dans le Nouveau Testament

- *Euschemonos* – cela signifie que nous devrions prophétiser avec beauté ou avec grâce et non d'une manière incontrôlée ou déplacée.

- *Taxis* – cela signifie que nos réunions d'église devraient avoir un ordre, suivre un programme de manière délibérée, avec une place juste, appropriée et reconnue pour «toutes choses», y compris la prophétie. Cette taxis peut être organisée par le responsable avec l'aide du don de sagesse.

Les autres dons de révélation

1 Corinthiens 12 à 14 se réfère à trois autres dons que Dieu donne pour nous équiper de révélation prophétique ou de «vue spirituelle».

La parole de connaissance

Par ce don, l'Esprit nous révèle des faits sur une personne ou une situation.

Il ne s'agit pas d'une révélation qui vient par la pensée naturelle, la raison, l'expérience ou l'instinct. Il s'agit plutôt d'un fragment de la propre connaissance de Dieu qui nous est accordé gratuitement.

Par ce don, Dieu met en lumière une vérité que l'Esprit désire faire connaître. Nous en avons l'exemple dans 2 Rois 5:20-27; 6:9-12; 2 Samuel 12:1-7; Matthieu 9:1-7; 17:27; Jean 4:7-25; 4:45-54; Actes 5:1-6 et 9:11.

La parole de sagesse

Ce don est l'éclairage donné par l'Esprit sur la manière dont une révélation peut être la mieux appliquée dans une situation donnée ou dont une personne précise peut être aidée ou une situation particulière peut être changée en bien.

Nous pouvons dire que la parole de sagesse est le «comment» de l'Esprit et que la parole de connaissance est le «quoi».

Ecouter Dieu

Nous avons des exemples de ce don dans: Genèse 41:14-45; 1 Rois 3:16-28; 2 Rois 5:8-14; Matthieu 21:23-27; 22:15-22; Luc 21:15; Jean 8:7.

Le discernement des esprits
C'est la perception donnée de Dieu, qui rend un croyant capable d'identifier l'esprit qui motive des paroles ou des actions particulières. Ce don nous aide à saisir l'implication de l'esprit humain, d'un esprit démoniaque et du Saint-Esprit dans une situation.

Nous le voyons par exemple dans 1 Samuel 3:1-9; 16:6-13, Matthieu 16:21-23, Luc 13:10-17, Actes 5:1-11; 8:14-24; 13:4-12; 16:16-18.

Nous considérons le rôle particulier joué par ce don dans le jugement de la prophétie au chapitre huit de ce livre.

Que les dons prophétiques paraissent!
Les révélations et les éclairages prophétiques, y compris le don de prophétie, construisaient la première église et construisent encore l'église aujourd'hui.

Si le désir de notre cœur est de voir l'Eglise se construire, nous suivrons les instructions de 1 Corinthiens 14:40 et permettrons aux dons de révélation de *ginomai*. Ce mot est habituellement traduit par «se fasse» mais «deviennent» ou «viennent à l'existence» ou «aient lieu» est une traduction plus exacte.

Nous n'adorons pas un Dieu muet. Il n'est pas bâillonné. Nous n'avons pas besoin de l'implorer pour qu'il nous parle. Au lieu de cela, nous devons ôter le coton spirituel de nos oreilles qui fait obstacle au passage de sa voix et commencer à l'écouter avec un soin plus attentif et une intensité plus grande.

Chapitre Sept

L'écoute prophétique aujourd'hui

Nous avons vu que l'écoute prophétique implique tout un processus. Elle commence par l'initiative gracieuse de Dieu qui nous donne sa parole et finit par notre application obéissante de cette parole. Comme la conversion, la foi et l'écoute, la prophétie comprend plusieurs étapes. Il ne s'agit pas d'un événement rapide. Par exemple, la prophétie implique:

- ◆ L'écoute – nous devons écouter Dieu attentivement pour entendre ce qu'il est en train de dire.

- ◆ La révélation – Dieu révèle son message particulier de l'une des nombreuses manières qu'il utilise pour communiquer sa parole et sa volonté.

- ◆ L'interprétation – la révélation peut venir sous différentes formes, si bien que nous devons attacher beaucoup de soin à l'interpréter pour nous assurer que la parole est comprise correctement.

- ◆ L'application – nous devons écouter Dieu activement pour apprendre de lui comment nous y prendre avec sa Parole *rhema*, à qui la donner, quand la transmettre etc.

- ◆ La motivation – nous devons nous rappeler que le but principal de toute révélation est de mieux connaître Dieu et de s'assurer que nous n'avons pas de raisons de prophétiser qui soient impies, critiques ou égocentriques.

- ◆ La soumission au test – chaque Parole doit être proposée au test, au jugement, doit être pesée et

Ecouter Dieu

passée au crible. Personne ne devrait jamais insister pour dire qu'une parole doit être reçue et appliquée dans l'obéissance sans qu'elle ait été auparavant mise à l'épreuve d'une manière ou d'une autre.

- ◆ La communication – la Parole doit être délivrée à la manière de Dieu et avec sa grâce, dans l'ordre et avec une douce autorité.

- ◆ L'action – la Parole doit être suivie d'obéissance et appliquée afin qu'elle puisse accomplir le but créatif de Dieu et produire le fruit attendu.

Des passages tels que 1 Corinthiens 2:9–16 et Esaïe 55:6–11 illustrent la puissance divine inhérente au processus complet de la prophétie: nous avons certainement besoin de rechercher Dieu pour qu'il restaure ce ministère prophétique *authentique* dans l'Eglise aujourd'hui.

Une base trinitaire

Lorsque nous considérons l'écoute prophétique, nous avons besoin de nous souvenir qu'elle possède une fondation entièrement trinitaire.

- ◆ Le Père a l'initiative de chaque parole. Il est le Dieu communicateur qui parle pour se faire connaître et pour apporter la vie au monde entier.

- ◆ Le Fils est lui-même la Parole personnelle: il est la révélation entière et éternelle du saint nom de Dieu et de sa nature.

- ◆ Le Saint-Esprit est l'Esprit de révélation. Il a inspiré la Parole Ecrite de telle manière qu'elle est le rapport entier, complet, suffisant et infaillible de ce que Dieu a communiqué. Il témoigne directement à notre esprit, rend témoignage à Jésus et il nous parle par la parole prophétique.

Nous voyons cette activité trinitaire dans les passages suivants: Psaumes 115:2–7; Jean 1:1–3; 14:10; 15:26; 16:13–15; 17:1–3,

L'écoute prophétique aujourd'hui

Romains 5:5; 8:9, 15-16, 1 Corinthiens 12:7; 10; 14:3-4, Galates 4:6, 2 Timothée 3:16-17 et Apocalypse 19:10.

Une fondation scripturaire
Nous devons aussi nous souvenir que l'Esprit communique par la Parole Ecrite de Dieu, par la Bible. 2 Timothée 3:17 montre clairement que Dieu continue encore aujourd'hui à nous souffler les Ecritures, à les prononcer dans nos vies sur le plan individuel et dans nos congrégations sur le plan collectif.
Nous pouvons dire que l'Esprit:

- Illumine – il apporte la compréhension des Ecritures.

- Confirme – il rend témoignage aux Ecritures par le témoignage intérieur, l'assurance personnelle et les signes et les miracles.

- Illustre – il attire notre attention sur des principes bibliques, et montre quels sont les passages de l'Ecriture qui s'appliquent à des situations particulières.

- Applique – il applique les Ecritures dans la vie des croyants en faisant ressortir la pertinence prophétique particulière d'un verset ou d'un passage à ceux qui veulent bien l'entendre et l'accepter.

La prophétie est l'une des manières dont l'Esprit illumine, confirme, illustre et applique les Ecritures. Nous pouvons dire qu'il utilise la prophétie au niveau de la congrégation pour parler à une église ou un groupe particulier, et la prophétie personnelle pour parler à un individu.

Un point de vue équilibré
Certaines personnes semblent penser que la prophétie personnelle ou collective est tout, chaque mot est reçu directement comme infaillible de la part de Dieu et devrait être accepté sans poser de questions. Alors que d'autres insistent

115

Ecouter Dieu

pour dire que la prophétie, et spécialement la prophétie personnelle n'est rien, chaque mot ne reflète que l'opinion humaine et devrait être évalué à cette lumière.

La position biblique semble toutefois indiquer que la prophétie personnelle et celle qui s'adresse à une congrégation sont quelque chose: lorsqu'elles sont pesées et testées de manière appropriée, elles font partie de la Parole de Dieu qui nous est adressée et par conséquent nous devrions leur obéir et agir sur ces paroles en tant que telles.

Aucune prophétie ne devrait être acceptée à la hâte ni sans exercer le moindre esprit critique. Aucune prophétie ne devrait non plus être suivie d'action dépourvue de sagesse. La prophétie devrait plutôt être régulée, testée et provoquer une action guidée par un bon sens sanctifié et de la sagesse. Elle ne représente en effet que l'une des manières dont Dieu parle aujourd'hui, toutefois c'est une manière qu'il utilise vraiment pour parler.

1 Thessaloniciens 5:19-21 résume à merveille l'attitude biblique que nous devrions avoir face à la prophétie:

- N'éteignez pas l'Esprit.
- Ne méprisez pas les prophéties.
- Eprouvez toutes choses.
- Retenez ce qui est bon.

Lorsque nous rassemblons les principes bibliques que nous avons considérés jusqu'à maintenant, nous pouvons voir qu'il y a trois aspects majeurs de la prophétie qui devraient se retrouver dans l'Eglise aujourd'hui:

- Le rôle prophétique – chaque croyant est appelé à écouter et vivre prophétiquement, à la fois individuellement et ensemble dans l'église. Il s'agit du «prophétisme universel des croyants» qui, depuis la Pentecôte appartient à tous ceux qui ont été oints de l'Esprit. Nous le voyons dans Actes 2:17-18, Hébreux 8:10-11 et 1 Jean 2:27.

L'écoute prophétique aujourd'hui

- Le don prophétique – chaque croyant peut, de temps en temps, être inspiré par l'Esprit pour donner un message prophétique. Cette manifestation du don de prophétie prend la forme d'une parole spécifique d'édification, d'exhortation ou de consolation. Elle survient soit au niveau de la congrégation, dans le cadre de l'adoration publique – ou au niveau personnel – dans un ministère exercé de manière privée, une conversation personnelle ou l'adoration publique.

- Nous voyons ces deux aspects du don dans 1 Jean 4:16–19, 29, 1 Corinthiens 12:10; 14:1–5; 24–25, 29–32; Actes 13:2 et 9–10.

- Le ministère prophétique – il s'agit d'hommes et de femmes particuliers qui sont reconnus comme prophètes ou prophétesses. Chez eux, le don de prophétie est particulièrement développé. Et il se manifeste fréquemment par leur intermédiaire.

    Nous le voyons dans Ephésiens 4:11, Actes 11:27–28; 13:1 et 15:32

Le rôle prophétique

Nous avons vu que chaque croyant doit remplir une fonction prophétique, et cela affecte tous les domaines de leur vie. La seule fondation solide de tout ce que nous faisons ou disons dans le service est une relation prophétique intime avec Dieu, qui implique l'écoute prophétique.

Chaque livre de cette série *Epée de l'Esprit* est implicitement fondé sur le principe de l'écoute prophétique de Dieu. Par exemple:

Dans *Adorer en Esprit en Vérité*, nous établissons que toute notre prière, notre louange, notre adoration et notre service ont une dimension prophétique, même s'ils s'adressent à Dieu. Nous voyons cela dans Romains 8:26–27; 1 Corinthiens 14:24–25; Ephésiens 5:17–20 et 1 Pierre 2:9.

Ecouter Dieu

Dans le livre *Atteindre les Perdus*, nous avons noté que l'Evangile doit être déclaré dans la puissance prophétique, l'inspiration et la confirmation miraculeuse. Nous le voyons par exemple dans Jean 1:47–50; 4:5-26; Romains 15:17–21; 1 Corinthiens 2:1–5; Ephésiens 6:19–20; 1 Thessaloniciens 1:4–10 et Hébreux 2:1–4.

Et dans *Une foi vivante* et *Le Ministère dans l'Esprit*, nous avons noté comment des paroles de foi prophétiques sont dites à des gens ou des situations qui doivent être changés de telle manière que les buts du Royaume soient atteints. Nous en avons l'exemple dans Matthieu 17:14–20; Marc 9:23 et 11:22–25.

Dans un sens, l'existence même de la communauté chrétienne est un signe prophétique du Royaume de Dieu. De même que la vie des prophètes de l'Ancien Testament communiquait quelque chose de Dieu aux gens qui les entouraient, de même la vie collective de l'Eglise aujourd'hui est une révélation du caractère et des buts de Dieu.

Nous avons noté dans *Le Règne de Dieu* que le Sermon sur La Montagne est le manifeste du Royaume de Jésus. Dans son sermon, dans Matthieu 5:13–16, il utilise le «sel» et la «lumière» comme des images prophétiques pour révéler les caractéristiques de l'église, le peuple de son royaume. Et, dans Luc 10:3, il ordonne à ses disciples de servir comme des «agneaux au milieu des loups». Ces trois illustrations montrent quel rôle prophétique vital joue l'église aujourd'hui.

Le sel

L'expression «sel de la terre» suggère que l'église entière a une fonction prophétique dans la purification de la société. Aujourd'hui, nous utilisons le sel surtout pour donner du goût mais à l'époque de Jésus, il était utilisé à la fois pour préserver de la corruption et pour purifier ce qui avait déjà subi la corruption. Nous le voyons par exemple dans Lévitique 2:13, 2 Rois 2:20 et Ezéchiel 16:4.

L'Eglise joue ces deux rôles prophétiques parallèles de

L'écoute prophétique aujourd'hui

préserver notre société de la corruption et de purifier ce qui est déjà décadent. Cela nous montre que nous devons être profondément impliqués dans la société et que notre écoute ne doit pas se concentrer seulement sur les affaires de l'Eglise.

La lumière

Les mots «la lumière du monde» laissent entendre que l'Eglise devrait être un vecteur d'illumination et de révélation prophétique pour le monde. Ensemble, nous devrions vivre en obéissance à la Parole de Dieu et apporter La lumière du Monde pour qu'elle brille sur la société qui nous entoure, révélant ainsi la vraie nature de ses problèmes.

Nous savons que les prophètes de l'Ancien Testament parlaient lorsque la Parole de Dieu leur était adressée. Notre écoute collective de la Parole, et notre acceptation et obéissance évangéliques à la Parole devraient conduire à une révélation prophétique de la Parole au monde.

Agneaux

L'image des «agneaux au milieu des loups» donnée par Jésus montre le besoin du peuple prophétique de Dieu de montrer par leur vie leur nature de serviteurs. Nous savons que «le» prophète puissant en paroles et en œuvres était lui-même l'Agneau de Dieu, et que son troupeau entre et vit dans son Royaume en suivant le même principe de «l'agneau». Il s'agit de sacrifice de soi et de service.

La plupart des gens dans le monde veulent être des «loups». Rares sont ceux qui acceptent de s'abaisser jusqu'à terre pour être des «agneaux». Or il est essentiel que ceux qui suivent Christ fassent attention à ne pas dominer les autres. C'est nous qui sommes appelés à accepter la domination des autres et à offrir quotidiennement nos vies comme un sacrifice qui plaît à Dieu, unis dans le sacrifice de Jésus.

Dans la ligne des principes bibliques de la prophétie, nous pouvons dire que toute l'Eglise doit jouer un rôle prophétique dans ces domaines.

Ecouter Dieu

La réconciliation
L'Eglise ne sera prophétique que lorsque la réconciliation fera visiblement partie de sa vie et de son message. Notre réconciliation avec Dieu doit se démontrer par une réconciliation authentique au sein de l'Eglise, à l'intérieur des congrégations locales et entre elles, et par la proclamation continuelle d'un message de réconciliation au monde et dans le monde.

Cette réconciliation est importante dans la famille, entre mari et femme, parents et enfants, au travail, entre employeur et employés, dans la société, entre noirs et blancs, riches et pauvres, le nord et le sud, employés et employeurs, propriétaires et locataires etc.

Les divisions impies dans le Corps de Christ apportent un contre témoignage au message de la réconciliation et doivent être dénoncées comme un péché. L'aliénation et la discorde entre églises doivent être identifiées et guéries afin que toute l'Eglise puisse être une communauté réconciliée et prophétique.

Alors que Dieu déverse son jugement sur la société, l'Eglise prophétique doit proclamer ce message éternel: «Mettez-vous en ordre avec Dieu et les uns avec les autres.» Nous devons nous considérer nous-mêmes comme une «contre-culture» prophétique qui se met à l'écoute de ce que Dieu dit par sa Parole sur ces sujets importants.

La justice et la compassion
Nous avons vu que les prophètes de l'Ancien Testament démontraient la justice et la compassion de Dieu dans leur société et prophétisaient en vue de leur établissement. Ils disaient aux gens que Dieu voulait qu'on prenne soin des pauvres. Et ils annonçaient la malédiction de Dieu sur ceux qui étaient indifférents aux pauvres et sa bénédiction sur ceux qui leur donnaient généreusement.

Cette préoccupation des prophètes de l'Ancien Testament se retrouve dans la première église et elle devrait être retransmise

L'écoute prophétique aujourd'hui

et visible dans l'église d'aujourd'hui. En tant que communauté chrétienne, nous avons une responsabilité particulière vis à vis des pauvres et des opprimés, et nous sommes appelés à nous identifier à ceux qui sont dans le besoin dans notre nation et dans notre monde.

Une église prophétique devrait exprimer la pensée de Dieu et non ses propres idées sur les problèmes de justice et de société. Cela signifie que nous avons besoin de prendre grand soin d'écouter sa Parole plutôt que notre propre culture.

Les événements nationaux
Nous avons vu que les prophètes d'autrefois étaient souvent convoqués par leurs gouvernants pour leur révéler la pensée de Dieu sur les événements et les problèmes du moment. De même, le peuple prophétique de Dieu aujourd'hui a besoin de transmettre les pensées de Dieu sur les problèmes d'actualité.

Ensemble, nous devrions nous attacher à écouter dans la prière ce que Dieu pense des problèmes sociaux, locaux, nationaux et internationaux. En tant qu'églises, nous devrions saisir prophétiquement et dire prophétiquement quels sont les fardeaux de Dieu actuellement pour nos localités. Lorsque les églises ont fait cela dans le passé, le réveil a souvent suivi. Selon le principe du Nouveau Testament, la prophétie ouvre le chemin à une proclamation efficace de l'Evangile.

Le véritable ennemi
Le monothéisme représentait le cri incessant des prophètes. Aujourd'hui, cette proclamation signifie désigner le véritable ennemi, afin que l'Eglise et la nation ne soient pas distraites par des faux problèmes d'ordre religieux, économiques ou sociaux.

La Bible révèle que nous avons deux vrais ennemis: Satan et la mort. En tant que peuple prophétique de Dieu, notre rôle est de montrer le chemin aux gens pour qu'ils échappent à ces ennemis. Le diable cherche toutefois à nous écarter de ce devoir en nous suggérant continuellement de faux ennemis.

Ecouter Dieu

A diverses époques, certaines sections de l'église se sont laissées entraîner dans l'erreur et se sont attaquées aux Turcs, aux Juifs, aux Anabaptistes, aux Lollards, aux Catholiques, aux Protestants, aux Méthodistes, aux Noirs, aux Américains, aux communistes etc

Toutefois une église prophétique doit écouter Dieu avec attention. Elle pourra ainsi apprendre comment Satan travaille aujourd'hui et discernera ses intrigues de manière à les exposer et à s'y opposer efficacement. Le véritable ennemi qui se trouve derrière l'ennemi supposé doit être dévoilé, afin d'éviter les faux remèdes humains qui sont toujours contre-productifs sur le plan spirituel. Mais cette distinction ne peut se faire que par l'écoute prophétique.

Des serviteurs
L'église ne remplira son rôle prophétique que lorsque l'attitude du serviteur caractérisera pleinement sa manière de vivre. Nous savons que tous les prophètes bibliques étaient serviteurs. Même Jésus est venu pour servir et l'a démontré en lavant les pieds de ses disciples.

Pour que l'Eglise soit prophétique, les paroles de Matthieu 20:20-28 et 23:2-23 doivent être appliquées et la soif du pouvoir, l'amour de la position et du statut doivent être chassés du milieu de nous.

Les paroles de Jésus dans Matthieu 23:8-12 se dressent contre les usages de notre époque. Le monde peut être changé par la politique et les armes de la politique, mais ces dernières ne correspondent pas à la méthode préconisée par Dieu pour une église servante.

Nos armes prophétiques sont la vérité et non la publicité, la justice et non la violence, une soumission paisible et non des luttes de pouvoir, la foi et non l'idéologie, adorer en Esprit et en vérité et non l'idéalisme, la Parole de Dieu et non de bonnes relations publiques, l'intercession et non des actions basées sur de bonnes intentions.

L'écoute prophétique aujourd'hui

L'intercession

Les prophètes de l'Ancien Testament étaient les intercesseurs de leur époque. Pour que l'Eglise soit prophétique, l'intercession efficace et persévérante doit être remise au premier plan. Si nous nous sentons suffisamment concernés pour prophétiser, nous devrions nous sentir suffisamment concernés pour prier. Nous considérons ce sujet de l'intercession dans *La prière efficace*.

Le don de prophétie

Nous avons noté que le rôle prophétique est dévolu à tous les croyants, tout le temps, alors que le don de prophétie est une manifestation particulière de l'Esprit qui est donnée à une personne précise pour un but particulier. Nous pouvons dire que le rôle prophétique est la vie chrétienne normale mais que le don de prophétie fait partie de la vie chrétienne.

Le don de prophétie est l'un des «dons de grâce» de l'Esprit. Comme nous l'avons établi dans l'ensemble de cette série d'enseignements, tous ces différents dons sont des dons authentiques, donnés gratuitement. Ce ne sont pas des récompenses ni des trophées. Ce sont des instruments destinés à être utilisés et non des jouets faits pour nous distraire. C'est l'Esprit qui a l'initiative de leur opération et il ne s'agit pas de capacités que nous pouvons utiliser à volonté.

1 Corinthiens 14:3 établit que le don de prophétie est donné par l'Esprit afin que Dieu puisse construire, exhorter et consoler les gens. Comme pour tous les autres dons, ces caractéristiques du don de prophétie montrent qu'il existe un véritable partenariat entre Dieu et les croyants oints.

La manifestation du don

Chaque manifestation du don est initiée par le Saint-Esprit mais elle est aussi sujette à la volonté de la personne. Nous ne pouvons pas prophétiser simplement quand nous le voulons. D'un autre côté, Dieu ne passe pas outre notre volonté en nous «faisant» prophétiser.

Ecouter Dieu

Nous avons vu que le Nouveau Testament nous enseigne qu'il s'agit d'un don que Dieu donne aux croyants oints. Cela signifie que nous pouvons nous attendre à ce qu'il nous donne ce don chaque fois que nous sommes rassemblés en tant que *congrégation* pour nous construire, nous exhorter et nous consoler les uns les autres. Nous pouvons aussi nous attendre à ce que ce don nous soit accordé chaque fois que nous en avons besoin *personnellement* dans l'exercice d'un ministère dirigé par l'Esprit.

La prophétie au niveau de la congrégation
1 Corinthiens 14 montre que nous devrions nous rassembler avec une confiance paisible, avec l'assurance que Dieu manifestera le don de prophétie au milieu de nous. Ce chapitre nous montre aussi que nous pouvons tous nous attendre à ce que Dieu manifeste parfois ce don en nous utilisant personnellement. Le désir de Dieu est de construire et bénir les autres en passant par nous. Ainsi nous devrions toujours écouter l'Esprit au cas où il voudrait nous utiliser aujourd'hui.

Bien sûr, notre écoute prophétique ne devrait pas commencer au moment du premier cantique lors d'un culte. Nous devons écouter Dieu durant la semaine, à la maison et au travail, pendant nos temps de repos et de détentes, parce Dieu parle lorsqu'il choisit de nous parler, et non pas seulement lorsque nous lui demandons de nous parler.

1 Corinthiens 14:26 suggère que nous venions en étant préparés au culte public. Cette préparation implique d'une part que nous soyons préparés à contribuer et d'autre part que nous venions avec une contribution préparée. L'Esprit peut nous parler pendant une réunion et nous pousser à prophétiser. Il peut même nous donner les mots que nous devons prophétiser. Toutefois à d'autres occasions, il nous donne la substance du message prophétique plusieurs jours à l'avance, et nous devons alors le prononcer au moment prévu à cet effet lors de la réunion.

Lorsque deux ou trois croyants prophétisent spontanément

L'écoute prophétique aujourd'hui

et que leurs messages sont similaires, il est inévitable que certaines personnes se demandent à quel point la seconde et la troisième prophétie ont été influencées par le contenu de la première.

Dieu peut effectivement parler de cette manière, mais il sait que parfois, si plusieurs personnes apportent des messages prophétiques similaires qu'ils ont reçu indépendamment durant la semaine précédente, le résultat sera plus convaincant, notamment pour des non-croyants.

La prophétie personnelle
Nous avons vu que dans le Nouveau Testament, certaines manifestations du don de prophétie sont personnelles plutôt que *collectives*, comme dans Actes 21:11. Nous avons remarqué que d'autres sont *privées* plutôt que *publiques*, comme dans Jean 4:16–19 et que quelques-unes, moins fréquentes peuvent être adressées *personnellement* à un individu mais données en public, comme dans 1 Corinthiens 14:24–25.

Dieu parle de cette manière directe et personnelle pour montrer à une personne que Jésus la connaît individuellement et prend soin d'elle personnellement. Nous pouvons dire que dans toute prophétie personnelle authentique, il y a un appel à embrasser Christ et à le suivre.

Des passages tels que Romains 1:11–12, 1 Timothée 1:18; 4:13–14, 1 Timothée 1:6–7 montrent clairement que la prophétie personnelle peut activer les dons et les ministères du Saint-Esprit dans la vie d'un croyant particulier.

Cela implique la *révélation*, c'est à dire la connaissance surnaturelle de ce qui concerne la situation ou un besoin de la personne en question ou du ministère ou du don que l'Esprit communique. Mais cette prophétie personnelle libère aussi la capacité surnaturelle et l'équipement de la foi, du courage, de la puissance, de l'audace et de la détermination nécessaires à l'accomplissement de cette parole.

La prophétie personnelle, comme toutes les manifestations du don de prophétie, est donnée expressément pour

Ecouter Dieu

construire et encourager le Corps de Christ. Au lieu de démolir et de condamner les gens, elle les construit et les encourage. Nous le voyons dans 1 Corinthiens 14:3.

Nous avons vu que la prophétie personnelle apporte une direction spécifique et des informations utiles aux gens pour leur vie et leur ministère, comme le montre Actes 11:27-30; 21:4, 10-14.

Bien sûr, nous devons faire très attention à la prophétie personnelle, spécialement si elle concerne l'avenir. Parfois notre propre soif de recevoir une parole prophétique peut nous rendre plus vulnérables à des paroles de fausses prophéties. Et parfois aussi, nous pouvons accepter des paroles de fausse prophétie parce qu'elles répondent aux idoles de notre cœur – Ezéchiel 13:2-4. Il se peut qu'une fausse prophétie puisse parfois, au moins au départ, résister aux tests habituels de la prophétie, mais finisse toutefois par se révéler comme une contrefaçon.

Jésus nous a dit «gardez-vous des faux prophètes qui viennent à vous en vêtements de brebis» – Matthieu 7:15. Il y aura toujours certaines personnes qui abuseront du don de prophétie dans le but de contrôler ou manipuler les autres. Mais ces mauvais usages de la prophétie ne devraient pas nous arrêter dans notre recherche d'une utilisation correcte du don. Le diable s'oppose fermement à la prophétie, et il se félicite autant des croyants qui rejettent la prophétie que de ceux qui l'utilisent à mauvais escient.

Nous devons être de ceux qui sont ouverts à la prophétie personnelle et à la prophétie donnée à la congrégation, mais qui la gèrent de manière profondément biblique. Nous devons faire preuve d'un vrai discernement pour pouvoir clairement reconnaître la voix de Dieu.

L'ordre dans l'exercice du don
Toute la Bible encourage à la prophétie. 1 Corinthiens 14 revient à dire que nous devrions aspirer de tout notre cœur aux dons spirituels en général et à la prophétie en particulier.

L'écoute prophétique aujourd'hui

Nous devrions les rechercher avec zèle, pourvu que ce soit de la bonne manière et pour les bonnes raisons.

Pour dire les choses simplement, chaque croyant individuellement devrait vivement désirer prophétiser, parce que ce don encourage, instruit, défie, console et construit le Corps de Christ.

1 Corinthiens 14:26 montre qu'un désir profond et inspiré par l'amour pour la bénédiction, le bénéfice et l'édification des autres est la seule motivation acceptable pour l'exercice d'un quelconque don spirituel. Toute forme d'ostentation spirituelle, d'orgueil, d'ambition, de recherche de l'attention des autres et de glorification de soi est totalement insupportable pour l'humble Saint-Esprit, lui qui s'efface volontairement.

Nous pouvons écouter Dieu avec attention, l'entendre clairement et même prononcer ses paroles avec exactitude, mais la prophétie n'honorera pas Dieu si elle est délivrée avec orgueil, dans l'espoir d'attirer l'attention sur nous et de nous donner une réputation de personne spirituelle.

Il est d'importance vitale que nous comprenions que le principe du partenariat de l'homme avec Dieu signifie qu'aucune manifestation d'un don n'est infaillible. Le Nouveau Testament est clair: toute manifestation prophétique doit être jugée. Il est évident que cela ne serait pas nécessaire si les manifestations étaient infaillibles. Nous considérons cet aspect des choses au chapitre huit. Cela signifie que l'une des caractéristiques de l'authenticité prophétique est la volonté manifeste de la part du croyant exerçant le don de soumettre ses paroles à un examen minutieux. Les prophéties ne devraient pas être exprimées avec des paroles ou un style qui suggèrent l'infaillibilité. Elles ne devraient pas donner l'impression qu'elles n'ont pas à être remises en question.

Certains leaders ont laissé entendre qu'aujourd'hui, aucune prophétie ne devrait jamais être apportée à la première personne, mais ce n'est pas là le vrai problème. Le fait que quelqu'un s'exprime prophétiquement en utilisant l'expression «ainsi dit le Seigneur» ou «je pense que Dieu est peut-être en

Ecouter Dieu

train de dire quelque chose dans le sens de...» est plus une affaire de culture ou d'arrière-plan personnel. Nous devons nous rappeler que les prophéties d'Ezéchiel étaient beaucoup plus directes que celles de Nathan, et nous devons accepter qu'un style de prophétie peut être adapté à une culture et vraiment inapproprié dans d'autres.

La question principale est de savoir si une personne proclame que ses paroles sont infaillibles et rejette l'idée qu'elles puissent être éprouvées. Cette prétention peut être suggérée de manière très subtile et certaines prophéties «il me semble que le Seigneur dit» cherchent parfois beaucoup plus à contrôler que la plupart des prophéties «ainsi dit le Seigneur».

1 Corinthiens 14:32–33 montre que le don de prophétie ne devrait pas être exercé de manière incontrôlée, extatique ou frénétique. La maîtrise de soi est une preuve tout aussi tangible de la présence de l'Esprit que n'importe quel don spirituel.

Dans certaines traditions d'église, les gens semblent un peu extrêmes dans leur poursuite de ce don et le manifestent en laissant l'impression qu'ils ne contrôlent pas la manière dont ils prophétisent.

Ce n'est pas la manière de Dieu de faire les choses. Ces exagérations conduisent à des contrefaçons de manifestations et à des attitudes forcées qui contredisent la nature essentielle de la prophétie en tant que «don de grâce».

Nous ne pouvons pas «fabriquer» un don quel qu'il soit. Ils jaillissent au contraire à partir de l'opération du Saint-Esprit en nous. Nous devons simplement apprendre à être attentifs à l'Esprit et prêts à être utilisés par lui, comme et quand il veut. Toute autre manière d'exercer les dons est fabriquée et artificielle.

L'esprit prophétique est notre nouveau droit d'aînesse et nous exerçons le don de prophétie lorsque:

- Nous attendons le Seigneur.
- Nous regardons à lui dans une attente tranquille
- Nous l'écoutons attentivement.

L'écoute prophétique aujourd'hui

- ◆ Nous disons à voix haute ce que nous avons entendu, avec humilité.
- ◆ Nous soumettons nos paroles pour qu'elles puissent être jugées.

Le ministère prophétique

Dans le livre *La gloire dans l'église*, nous considérons les dons d'Ephésiens 4:11-13 que le Christ nous a donnés dans son ascension pour la construction de son Eglise. Nous avons noté que ce passage montre que ces ministères sont nécessaires jusqu'à que cette œuvre de construction de l'Eglise soit achevée. Cela signifie que tous ces ministères, y compris celui de prophète devraient être reconnus et acceptés aujourd'hui.

Tous les ministères d'Ephésiens 4:11 sont basés sur l'écoute de Dieu pour recevoir sa volonté et sa Parole. Ces disciplines sont en effet fondamentales pour tout service chrétien. Mais, s'il est possible, le ministère prophétique est d'une certaine manière encore plus dépendant d'une écoute attentive que ne le sont les autres ministères.

Ephésiens 2:20 montre qu'en tant que «fondement», les apôtres et les prophètes avaient un appel unique de révéler l'Evangile et d'établir la première église. L'église a été établie et leur révélation est maintenant rapportée dans le Nouveau Testament. Leur acte fondateur initial est complet et final. Leur révélation et ce qu'ils ont établi ont un caractère ultime. Il n'est pas nécessaire qu'un ministère prophétique contemporain y contribue.

Mais cela ne signifie pas pour autant qu'il n'y a plus de place pour le ministère prophétique aujourd'hui. Comme nous l'avons noté dans *La gloire dans l'église*, les prophètes apportent une contribution spéciale et unique au processus de construction de l'Eglise, à l'établissement de nouvelles congrégations et à la révélation de la Parole de Dieu.

Dieu utilise les prophètes aujourd'hui pour nous confronter avec la réalité de sa volonté particulière et pour nous donner

Ecouter Dieu

sa direction, sa sagesse, ses instructions, ses avertissements, ses indications et sa révélation.

En fait, nous pouvons dire que c'est par ses serviteurs les prophètes que Dieu pousse l'Eglise à l'action. Alors que les pasteurs et les enseignants cherchent à stabiliser le ministère, les prophètes nous excitent et nous exhortent à entrer dans le service.

La révélation est l'élément clef de tout ministère prophétique biblique, une révélation qui amplifie le message que le prophète a entendu directement du Seigneur dans sa relation personnelle et intime avec Dieu. Cette révélation semble posséder cinq caractéristiques.

Les prophètes apportent la révélation des Ecritures
Les ministères d'Ephésiens 4:11 poursuivent des buts distincts mais complémentaires en communiquant la Parole de Dieu à partir de la Bible.

- Les apôtres – avec le ministère de la Parole qui apporte une structure de base dans les églises nouvellement implantées ainsi qu'une direction dans la suite.

- Les évangélistes – prononcent la Parole qui amène les gens à la foi en Christ.

- Les pasteurs – encouragent, consolent et nourrissent les croyants avec la Parole.

- Les enseignants – apportent la Parole qui instruit et informe les croyants et font d'eux des disciples.

- Les prophètes – délivrent la Parole qui défie, exhorte, construit et console – avec une note distinctive de révélation.

Les prophètes ne font pas qu'apporter une Parole générale de la part de Dieu, ils délivrent aussi la Parole particulière de l'Ecriture qui s'applique à un groupe unique de gens à un moment spécifique. Nous pouvons dire que les enseignants

L'écoute prophétique aujourd'hui

s'occupent de l'enseignement systématique alors que les prophètes se concentrent sur des aspects spécifiques de l'enseignement. Nous pouvons aussi dire que les enseignants apportent un «régime» équilibré alors que les prophètes apportent un «régime» particulier qui vient remédier à une déficience «alimentaire» particulière.

Tous les croyants ont besoin de l'enseignement régulier de la Bible et de l'exposition systématique des Ecritures par les enseignants.

Mais ils ont aussi besoin en même temps de la révélation spécifique des prophètes. Tous les ministères d'Ephésiens 4:11 se complémentent et il arrive que plusieurs d'entre eux se retrouvent dans la même personne.

Les prophètes apportent la révélation pour des individus
Nous avons vu que la révélation personnelle est un aspect indubitable du ministère prophétique. Ce sujet a soulevé certaines controverses ces dernières années mais les pièges potentiels peuvent être évités lorsque les prophètes exercent le ministère dans l'humilité et dans une vraie relation avec les autres ministères d'Ephésiens 4:11. Il faut aussi qu'ils soient soumis aux anciens de l'endroit où ils exercent le ministère.

Cette révélation de type personnel peut prendre beaucoup de formes particulières. Par exemple:

- ♦ 2 Samuel 12:1–10 – la confrontation du péché d'un croyant: cela ne doit pas être de la «diffamation spirituelle». Cette confrontation poursuit le but de construire et non de démolir.

- ♦ Jean 4:16–19, 1 Corinthiens 14:24–25 – une révélation donnée à un incroyant: celle-ci doit être positive et porteuse de l'Evangile et non pas négative et pleine de jugement.

- ♦ Actes 21:4, 10–15 – une prédiction faite à un croyant: nous devons distinguer entre des avertissements vraiment inspirés qui sont destinés à nous préparer et des conseils tout sauf inspirés qui ne sont qu'un semblant de prophétie.

◆ 1 Timothée 1:18-19; 4:14, 2 Timothée 1:6 – un don spirituel peut être communiqué par l'imposition des mains et la direction prophétique: nous considérons cet aspect dans *Le Ministère dans l'Esprit.*

Les prophètes apportent la révélation à l'Eglise
Nous avons vu que les prophètes ont la charge particulière de construire l'Eglise. Ils le font en apportant une révélation spécifique sur la direction que Dieu indique, par exemple l'évangélisation, le ministère, l'intercession et les autres aspects de la vie de l'Eglise.

Jésus est la tête de l'Eglise et il fait encore aujourd'hui connaître sa volonté à son Corps par la révélation et la direction prophétique. Nous le voyons dans Actes 13:1-3. Le message prophétique donné ici concernant Paul et Barnabas a eu des implications considérables pour l'église d'Antioche. Il est important que nous relevions ici que la révélation personnelle a été donnée dans le contexte collectif de l'Eglise et ses leaders.

La révélation prophétique contenue dans Apocalypse 1-3 est caractérisée par la phrase: «Que celui qui a des oreilles entende ce que l'Esprit dit aux églises.» Cette expression montre que Dieu parle directement à des églises particulières, par des prophètes oints.

La voix de l'Esprit dans ces trois chapitres de l'Apocalypse apporte un diagnostic et une guérison, un encouragement et une direction, un reproche et une consolation. Nous avons de même besoin d'entendre sa voix aujourd'hui lorsqu'il parle par les prophètes, en recevant la Parole avec sensibilité, et en la mettant en œuvre fidèlement.

Les prophètes apportent la révélation sur l'avenir
Nous avons vu que les prophètes dans l'Ancien Testament

L'écoute prophétique aujourd'hui

et la première église apportaient parfois une révélation de Dieu par rapport à l'avenir, comme par exemple dans Esaïe 41:22-23; 48:5-7; Actes 11:27-30; 20:22-24. La révélation en ce qui concerne l'avenir fait toujours partie du ministère prophétique mais nous devrions éviter toute curiosité vaine ou sentimentalisme.

Deutéronome 18:21-22 montre que le test infaillible d'une prophétie prédictive est de voir si elle s'accomplit ou non. Certaines personnes font des prédictions d'ordre tellement général qu'elles ne peuvent pas se vérifier de cette manière, spécialement lorsqu'il s'agit de grande bénédiction ou d'événements situés à la fin des temps. Si leur «conjecture» ne s'est pas encore accomplie, ils insistent pour dire qu'elle ne saurait tarder.

Mais à strictement parler, la prophétie biblique prédictive est toujours spécifique et n'est jamais vague. Elle ne peut que s'accomplir de manière évidente ou être clairement fausse. Nous devons reconnaître qu'aujourd'hui, beaucoup de manifestations prophétiques sont «immatures» ou «incomplètes» plutôt que «fausses».

Ceux qui apportent ces prophéties ont bien entendu quelque chose venant authentiquement de Dieu. Mais ils n'ont pas persévéré dans leur écoute prophétique afin d'entendre Dieu leur donner le message sous une forme plus complète.

Beaucoup d'entre nous semblent se satisfaire facilement de prophéties superficielles apportées de manière incomplète, alors que Dieu veut que nous persistions dans notre écoute de lui. Car il veut nous attirer plus profondément en lui. Ce n'est qu'alors que nous pourrons entendre son murmure doux et tranquille.

Les prophètes apportent la révélation à la nation
Bien qu'il soit clair que dans l'Ancien Testament, les prophètes proclamaient la Parole de Dieu aux nations, les prophètes de la première église ne semblent pas avoir exercé le ministère de la même manière. Cette question a conduit certains leaders à

Ecouter Dieu

dire que cet aspect du ministère prophétique aurait cessé avec la venue de Christ.

Tous les responsables d'église s'accordent pour dire que l'église devrait s'adresser prophétiquement à la société qui l'entoure par l'évangélisation, le témoignage, le service et la protestation. Mais beaucoup de leaders ne sont pas sûrs de la nature précise du ministère prophétique pour les nations. La Bible ne nous donne pas de direction claire à ce sujet.

Lorsque nous considérons ce problème, nous devons nous rappeler des points suivants:

- Les prophètes de l'Ancien Testament proclamaient la parole de Dieu essentiellement à un état théocratique – c'est à dire au peuple de l'alliance de Dieu, en tant que nation. C'est la raison pour laquelle nous ne sommes peut-être pas en position de suivre leur modèle dans cet aspect de la prophétie.

- Toutefois il est arrivé que des prophètes parlent à d'autres nations et révèlent ce que Dieu pensait des sociétés impies, y compris des états sans Dieu ou ceux qui étaient sous le contrôle de fausses religions. Nous le voyons dans Esaïe, chapitres 13 à 23, Jérémie 1:5 et chapitres 46 à 51, Amos 1:3 à 2:3, Jonas chapitres 1 à 4.

- Dieu s'occupe néanmoins des nations, nous le voyons dans *Connaître le Père*, et il n'y a rien qui indique que cela n'est plus vrai aujourd'hui. Par exemple, le chapitre 11 des Romains montre clairement que Dieu a encore des buts importants pour Israël.

Il ne semble pas qu'il soit juste de nier l'élément surnaturel dans la parole prophétique adressée à nos nations. Elles sont en effet désespérément dans le besoin.

Dieu peut donner et donne encore des révélations prophétiques qui ont une portée nationale ou internationale. Alors que l'Eglise grandit dans la maturité, ce type de

L'écoute prophétique aujourd'hui

révélation pourrait devenir une part toujours plus grande de son ministère prophétique.

Nous avons certainement besoin de ministères prophétiques qui déclareront la Parole générale de Dieu aux nations sur des sujets de société, des questions politiques et spirituelles et apporteront sa Parole particulière concernant des événements spécifiques au niveau national ou international.

Chapitre Huit

Juger la révélation

Durant la période de l'Ancien Testament, Dieu parlait aux gens par ses serviteurs qui l'écoutaient, les prophètes oints. Ils apportèrent progressivement au peuple d'Israël la révélation personnelle de Dieu. Leurs paroles, étant la Parole même de Dieu, étaient infaillibles.

Toutefois la révélation des prophètes de Dieu était toujours limitée et incomplète. La révélation complète et finale de Dieu à l'humanité ne pouvait être apportée que par la Parole Personnelle de Dieu, le prophète suprême, le bien-aimé Fils de Dieu, le serviteur souffrant de Dieu.

Arrivé à la fin de la période du Nouveau Testament, Dieu avait communiqué sa Parole pleinement et complètement à l'humanité. Cette révélation a été consignée dans la Parole écrite de Dieu. Cette Parole écrite est le rapport de Dieu, infaillible, soufflé par lui, faisant autorité et suffisant, que Dieu adresse à tous les peuples à toutes les époques.

De ce fait, nous ne jugeons pas la Parole écrite de Dieu, et en vérité nous n'oserions pas la juger. Au contraire nous l'acceptons, nous nous soumettons à elle, nous lui obéissons et c'est nous qui sommes jugés par elle. Nous voyons cela dans Hébreux 1:1-2, 2 Timothée 3:15-17, 2 Pierre 1:3-4; 19-21 et nous approfondirons cet aspect de la Parole dans *Une foi vivante*.

Cela signifie que depuis l'époque de la première église dans le livre des Actes, aucune révélation prophétique n'a pu ou ne peut prétendre au même niveau d'inspiration et d'infaillibilité que celui de l'Ecriture.

Ecouter Dieu

Les niveaux d'inspiration
Nous pouvons être convaincus que nous avons entendu Dieu nous parler personnellement, clairement et d'une manière tout à fait merveilleuse. Nous pouvons être sûrs de connaître la volonté de Dieu et sa parole *rhema* particulière pour notre situation. Mais nous devons être absolument certains que la révélation que nous avons entendue ou reçue ne peut être inspirée ou infaillible au même titre que la Bible. En d'autres termes, notre prophétie sera jugée d'une manière qu'on ne pourra jamais utiliser pour la Parole écrite.

A l'époque de la première église, la prophétie apostolique était donnée dans le but de poser les fondations de la doctrine et ses lignes directrices pour toute l'église de tous les temps. Il s'agissait d'une révélation faisant autorité qui faisait partie de la Parole complète et finale de Dieu pour l'humanité.

Il devrait être clair qu'aucune révélation de ce type n'est donnée aujourd'hui: nous devons rejeter toute révélation qui prétend être pleinement inspirée et infaillible. Nous ne devons pas recevoir une parole si celui qui l'apporte laisse entendre qu'elle doit être acceptée sans être jugée d'aucune manière.

Depuis l'époque apostolique, Dieu a continué de donner des révélations prophétiques pour construire l'église et perpétuer son œuvre sur la terre. Le niveau d'inspiration est toutefois bien moindre et les paroles qui sont données ne le sont que pour des situations spécifiques. Elles n'ont pas de caractère contraignant pour toute l'Eglise et ne sont pas nécessairement adaptées à toute l'Eglise dans son ensemble.

Nous pouvons trouver ce degré d'inspiration inférieur dans le Nouveau Testament.

- ◆ Dans 1 Corinthiens 14, par exemple, l'inspiration apportée par le don de prophétie ne ressortait pas dans la formulation exacte du message prononcé par la personne qui prophétisait. Au lieu de cela, il semble que le Saint-Esprit donnait l'essence de la révélation qui était ensuite exprimée de manière faillible et communiquée avec la personnalité de

Juger la révélation

ceux qui prophétisaient. (La prophétie d'Agabus dans Actes 21:10-11 est aussi un cas d'espèce. La prophétie s'est bien accomplie, même si tous les détails ne se sont pas réalisés. Agabus avait de toute évidence reçu le noyau de la révélation, à savoir que Paul serait emprisonné à Jérusalem, mais les détails spécifiques n'étaient pas importants dans cette prophétie.)

- Les prophéties décrites dans 1 Corinthiens 14 pouvaient contenir certaines erreurs et devaient être soumises à un examen et un jugement.

- Comme l'épître aux Corinthiens n'indique pas que les prophéties dont il est question devaient être consignées pour la postérité ou transmises à d'autres congrégations, il est clair qu'elles n'avaient pas de portée universelle. Il s'agissait simplement de messages pour les gens de cette époque, contrairement à l'Ecriture ou aux prophéties à caractère fondateur. Toutefois, nous devons noter qu'il peut y avoir certaines prophéties qui devraient être partagées plus largement et dont la portée est plus universelle.

- 1 Corinthiens 14:30 implique que certaines prophéties ne devraient pas être données du tout et d'autres seulement en partie. Cela prouve que ces «dons» de prophétie sont moins importants que les Ecritures et que les paroles prophétiques à caractère «fondateur».

- Les paroles de Paul dans 1 Corinthiens 14:37-38 impliquent que Paul en tant qu'apôtre personnel de Jésus, avait une autorité qui était plus grande que celle des croyants qui prophétisaient à Corinthe, et même plus grande que ceux qui étaient reconnus à Corinthe en tant que prophètes.

Ecouter Dieu

Aujourd'hui, nous opérons à ces niveaux inférieurs d'inspiration. C'est pourquoi nous devons nous assurer que tout le fruit de l'écoute prophétique soit jugé selon les principes bibliques.

Le but de la révélation
Chaque fois que nous considérons une révélation prophétique, nous devons nous souvenir des trois buts principaux de la Parole de Dieu. Si une révélation ne semble pas poursuivre ces buts, nous devons la faire passer par un test particulièrement approfondi.

1. Connaître Dieu
Nous ne devons jamais oublier que le but premier de toute révélation consiste à connaître Dieu. Tout autre aspect de la révélation: direction, éclairage particulier, prédiction, revêtement de puissance, consolation, édification etc. est secondaire.

La révélation de Dieu est toujours basée sur une révélation que Dieu donne de lui-même, ce qui est la raison pour laquelle la Parole personnelle incarnée est fondamentale. Dieu est le Dieu vivant qui «parle» et «communique» et se révèle lui-même.

Son grand et profond désir est que tout le monde et chaque personne en particulier le connaisse et soit saisie par ses buts divins. Nous le voyons par exemple dans 1 Samuel 3:7; Ephésiens 1:17–18; Colossiens 1:9–10 et 2:2–3.

2. Construire l'Eglise
Nous devons toujours nous souvenir que l'Eglise est construite ou édifiée par la révélation prophétique et que la révélation prophétique est donnée pour construire l'Eglise ensemble afin qu'elle puisse s'élever dans l'encouragement.

Dans Ephésiens 2:20, nous avons vu que l'Eglise a été construite sur la fondation des apôtres et des prophètes. Il s'agit ici de la révélation donnée une fois pour toutes par Dieu. La construction de l'Eglise reste toutefois en cours. Elle

Juger la révélation

doit être construite vers le haut, jusqu'à ce qu'elle parvienne à la maturité et vers l'extérieur, par l'évangélisation. Et Dieu continue à apporter sa révélation pour ce grand projet de construction.

Comme nous l'avons noté dans 1 Corinthiens 14:3, cette révélation sur «l'église à bâtir»:

- Montre comment Dieu veut que nous bâtissions ensemble et dans l'encouragement qui élève.

- Révèle ce que Dieu est en train de faire et nous appelle à suivre ses traces, à suivre Dieu dans ce qu'il fait.

- Nous rappelle l'amour et la consolation de Dieu.

3. Communiquer la puissance

Nous avons vu que Jésus s'est limité à ne dire et à ne faire que ce qu'il discernait que le Père disait et faisait. Il le discernait par son écoute prophétique. Cela signifie qu'il y a un lien direct entre la révélation et la manière dont la puissance de Dieu est libérée, entre l'écoute et la libération de la puissance de Dieu dans des vies humaines.

Comme nous l'avons vu dans *Une foi vivante* et *Le Ministère dans l'Esprit*, les œuvres du Royaume, l'évangélisation, la guérison, la délivrance, les miracles etc. sont tous opérés dans le contexte de la révélation de la Parole particulière de Dieu concernant ce que le Père est en train de faire, à un moment et un endroit précis.

Nous savons que nous sommes appelés à partager le ministère de Jésus. Nous savons qu'il est le modèle de tout ministère chrétien: cela signifie que nous devons apprendre à parler et agir seulement après avoir reçu une révélation divine des paroles du Père et de ses actes au cours de notre écoute prophétique.

Nous le voyons par exemple dans Matthieu 13:53–58; Luc 4:23–30; 5:17, Jean 5:1–18; 14:10; Actes 14:9–10.

Ecouter Dieu

Juger la révélation

Nous avons constamment relevé le fait que nous devions tester toutes les révélations que nous entendons, soit à titre personnel dans notre propre écoute de Dieu ou en prenant compte des paroles d'autres personnes qui ont écouté Dieu. L'importance de soumettre la révélation à un test est soulignée dans 1 Thessaloniciens 5:19-22. Ici Paul nous commande de ne pas traiter les prophéties avec mépris mais d'éprouver toutes choses et de retenir ce qui est bon.

Il est pratiquement impossible d'exagérer l'importance qu'il y a à juger le fruit de l'écoute prophétique. C'est un moyen vital d'éviter l'erreur et de recevoir ce que Dieu est réellement en train de «dire». Ce jugement implique que nous prenions en compte et fassions l'évaluation du contenu des paroles, leur motif et leur but ainsi que la vie de celui qui les a apportées.

Dans l'Eglise aujourd'hui il y a une réelle peur des faux prophètes et de la fausse prophétie. La prophétie superficielle attire moins l'attention mais elle est également dangereuse et encore plus répandue que la fausse prophétie. Nous devons faire la distinction entre:

- ◆ La prophétie infaillible – il s'agit de la prophétie de l'Ecriture et des prophètes de fondation, et elle ne devrait pas être jugée.

- ◆ La fausse prophétie – Il s'agit de «prophétie» dont les motifs, l'origine et le contenu sont complètement étrangers à l'Esprit de Jésus. Une fois reconnue, une telle prophétie doit être complètement rejetée.

- ◆ La prophétie impure – Il s'agit d'une prophétie dont une partie de la motivation, de l'origine et du contenu proviennent du serviteur humain. Dieu a authentiquement parlé. Mais quelque chose a été ajouté à l'essentiel du saint message ou une motivation impie a influencé la manière dont il a été communiqué ou il a été donné à un mauvais moment ou d'une manière incontrôlée. Dans ce cas,

Juger la révélation

le jugement consiste à séparer les scories humaines de l'or divin et à ne retenir que la partie qui est bonne.

◆ La prophétie pure – dans les limites de la faillibilité humaine, il s'agit d'une prophétie dont les motifs, l'origine et le contenu sont seulement le produit du Saint-Esprit. Une fois testée et reconnue, une telle prophétie doit être entièrement acceptée.

Lorsque nous jugeons la révélation, il y a trois séries de tests qui nous aident à établir si une prophétie est fausse ou si elle est pure. Il y a aussi quelques lignes directrices spirituelles de base et un don de l'Esprit important qui nous aideront à «filtrer» la prophétie impure afin d'en reconnaître ses différents éléments.

Les tests fonctionnels
En partant d'Ephésiens 1 et 17, 1 Corinthiens 14:5, 6, 12 et Deutéronome 18:21–22, nous pouvons dire qu'il y a trois questions simples que nous devons nous poser au sujet de toute révélation:

◆ Est-ce qu'elle révèle la nature de Dieu?

◆ Est-ce qu'elle construit ceux qui l'écoutent?

◆ Est-ce qu'elle se vérifie?

Nous savons que toute révélation de Dieu est une révélation que Dieu donne de lui-même dont le but est de nous attirer dans une relation plus profonde avec lui. Cela signifie que toute Parole véritable est donnée dans le but explicite de nous mettre en contact avec Dieu de manière plus proche, en nous attirant plus près de sa pensée, de sa grâce, de sa puissance et de son appel.

Après avoir écouté attentivement la révélation, nous n'avons pas besoin de recevoir une révélation supplémentaire si l'une des conditions suivantes n'est pas remplie. La révélation ne construit pas le peuple de Dieu dans l'unité et l'encouragement. Elle n'est pas conforme à la nature de Dieu ou n'attire pas les gens vers lui. Elle est soit trop vague pour être prouvée ou la preuve de son inexactitude est faite.

Les tests théologiques
Nous avons vu à plusieurs reprises que toute prophétie doit être conforme à la Parole de Dieu, à la fois la Parole écrite et la Parole personnelle de Dieu. Et nous avons aussi noté le principe biblique selon lequel toute prophétie doit rendre témoignage à Jésus.

Des passages tels que Deutéronome 13:1–5, Jean 16:14, Actes 10 ; 43, Romains 10:9–10, 1 Corinthiens 12:3, 1 Jean 2:20–27; 4:1–6, 2 Jean 1:10 et Apocalypse 19:10 signifient que nous devrions aussi poser les trois questions suivantes au sujet de toute révélation:

- ◆ S'accorde-t-elle avec l'Ecriture?
- ◆ S'accorde-t-elle avec le caractère de Jésus?
- ◆ Rend-elle témoignage à Jésus – sa seigneurie, sa divinité, son humanité, sa mort expiatoire, sa résurrection etc.?

Cela ne signifie pas que toute révélation doit contenir un verset qui lui serve de «preuve» et une brillante référence à Jésus avant de pouvoir être acceptée. Mais ces questions se rapportent plutôt au fait qu'une révélation devrait être rejetée si elle ne se conforme pas aux principes bibliques et la nature révélée de Jésus, si elle est contraire à un ordre spécifique donné par la Bible et si, d'une manière ou d'une autre, elle n'attire pas l'attention sur Jésus.

Les tests moraux
Nous avons vu que l'Ancien Testament détecte la fausse prophétie en identifiant les faux prophètes. Si un prophète est faux, il en sera de même de ses prophéties, aussi exactes ou scripturaires puissent-elles être. Deutéronome 13:1–5; 18:21–22, Jérémie 23:9–40 et Ezéchiel 12:21 à 14:11 sont des passages

Juger la révélation

qui montrent que les faux prophètes se reconnaissent par l'une ou l'autre des caractéristiques suivantes:

- Leurs prophéties prédictives sont inexactes.
- Ils appellent les gens à suivre d'autres dieux.
- Leur style de vie est immoral.
- Ils ne détectent pas l'immoralité chez les autres.
- Ils décrètent la paix sans tenir compte de l'état moral ou spirituel que requiert la paix.

Par définition, un faux prophète apporte de fausses prophéties et, dans Matthieu 7:15-20, Jésus nous encourage à nous «garder» des faux prophètes. Dans ce passage, Jésus montre que nous ne devons pas juger quelqu'un sur ses apparences mais sur ses effets, à savoir le fruit de son ministère et de sa vie. Cela signifie que nous éprouvons la vie des prophètes autant que leurs paroles.

Nous pouvons dire que le Nouveau Testament, et particulièrement les passages de Matthieu 7:15-20 et 1 Jean 1:6-7 suggèrent trois tests moraux qui nous aident à identifier les faux prophètes:

- Produisent-ils ce que Jésus considère comme du bon fruit?
- Marchent-ils avec le Seigneur?
- Ont-ils une bonne communion avec les autres croyants?

Il importe peu qu'une révélation ait un caractère extraordinaire, qu'elle affirme haut et fort la Seigneurie de Christ et qu'elle cite la Bible avec éloquence. Si le messager ne marche pas avec le Seigneur et avec les autres croyants, s'il produit du mauvais fruit, nous ferons mieux d'ignorer cette révélation.

Les tests spirituels

Nous avons noté que la vérité n'est pas la vérité de Dieu lorsqu'elle est délivrée avec orgueil ou dans la recherche d'une

Ecouter Dieu

ambition personnelle. Cela signifie que nous ne jugeons pas seulement le contenu d'une révélation, mais aussi la vie du messager et le «ton» de son message.

Comme la Parole de Dieu nous parvient toujours dans le souffle de Dieu – avec l'Esprit – nous devons nous demander si le ton général d'une révélation est cohérent avec la nature du Saint-Esprit. Il est humble et s'efface lui-même.

Il devrait être évident que les prophètes qui sont proches du cœur de Dieu et qui ont la plus grande expérience dans l'écoute de Dieu sont dans une position particulièrement bonne pour tester la révélation. Ainsi «l'accord prophétique» est le test clef de la révélation.

1 Corinthiens 14:29 est un verset important qui laisse entendre qu'une révélation authentique est généralement appuyée par une autre révélation et que d'autres hommes ou femmes prophétiques lui rendent témoignage. Dans ce verset, le mot «autres» en grec, est *allos* et non pas *heteros*. Ce mot montre que dans la première église, habituellement, ceux qui prophétisaient, hommes ou femmes, étaient ceux qui jugeaient les révélations.

En d'autres termes le test des prophéties données en public est entre de meilleures mains s'il est confié aux hommes et aux femmes qui prophétisent régulièrement. Bien sûr, dans la plupart des églises, l'expression «les autres» inclura les leaders. Toutefois ces derniers «testeront la révélation» parce qu'ils prophétisent eux-mêmes et non uniquement en vertu de leur fonction de leader. En dernière analyse, c'est le leadership formel de l'église qui est responsable d'accepter ou de rejeter une prophétie quelle qu'elle soit. Ce sont les leaders, dans leur rôle de dirigeants spirituels de l'église, qui décident comment la prophétie devrait être reçue et quels actes devraient la suivre.

Juger la prophétie ne se résume pas à lever ou baisser son pouce chaque fois qu'il y a un message prophétique. La prophétie est tellement importante que Dieu veut que nous la traitions beaucoup plus sérieusement que cela.

Juger la révélation

En fait le jugement, comme la prophétie, est un processus qui devrait comprendre :

- ◆ Le témoignage de l'assemblée – l'Esprit est dans et avec les personnes présentes et il communique une impression générale positive entre eux à propos d'une parole particulière de Dieu.

- ◆ L'appel prophétique – ceux qui exercent le plus régulièrement le ministère dans le don de prophétie devraient diriger l'église vers la parole particulière de Dieu par le don du discernement des esprits.

- ◆ La direction des leaders – les leaders ont une autorité gouvernementale et la responsabilité de veiller à ce que que la Parole de Dieu soit reconnue et appliquée.

Le don de juger

Les «autres» peuvent aussi exercer le don spirituel du discernement des esprits, le don de *diakrisis*, autant qu'ils peuvent utiliser les tests que nous avons considérés utiles pour le jugement de la révélation.

Ce mot grec signifie «un jugement complet», «un discernement complet», ou mieux encore, «une séparation complète». Il est utilisé dans :

- ◆ Matthieu 16:13 – pour montrer comment une signification peut être tirée d'une image.

- ◆ 1 Corinthiens 6:5 – pour établir la vérité dans une dispute.

- ◆ 1 Corinthiens 11:31 – pour souligner l'importance de juger.

- ◆ 1 Corinthiens 12:10 – en tant que don spirituel.

- ◆ 1 Corinthiens 14:29 – pour démontrer son utilité pour la prophétie.

Nous pouvons dire que *diakrisis* est le don spirituel donné de

Ecouter Dieu

Dieu qui nous rend capables d'identifier une prophétie qui est «pure», nous permettant ainsi de «retenir ce qui est bon» et de nous «abstenir de toute espèce de mal».

Les «juges» ou «séparateurs» prophétiques sont à l'écoute de toutes les révélations et de l'Esprit. Ils gardent à la pensée les tests que nous avons considérés.

Ils se souviennent que toute activité de l'Esprit pointe sur Jésus.

Ils comprennent qu'une prophétie authentiquement biblique se concentre sur ce que Dieu est en train de faire, de penser et de dire plutôt que de s'attacher à prescrire quelle devrait être la réponse des hommes.

Les «autres» ne donnent pas un «oui» ou un «non» à chaque révélation individuelle. Au lieu de cela, ils séparent entre l'enthousiasme humain, les influences culturelles et les accents de la tradition. Ils transmettent l'essentiel du courant de la révélation.

Il ne s'agit pas d'une analyse de texte ou d'un exercice de résumé, c'est un don spirituel qui opère de la même manière que tous les dons spirituels.

Et, comme pour tous les aspects de la vie dans l'Esprit, l'exercice de ce don est extrêmement libérateur. Cette sorte de jugement approfondi ou de passage au crible élimine les problèmes pastoraux causés par le rejet ou la crainte d'être réprimandé. C'est une brillante démonstration de l'église qui fonctionne en tant que corps dont les membres sont interdépendants.

Eprouver la prophétie personnelle

Si nous jugeons la révélation qui est reçue publiquement, nous devons aussi tester celle que nous entendons dans notre propre écoute en privé. Nous devons également éprouver toute «parole» qui nous est donnée personnellement par un autre croyant.

Nous devons savoir si nous avons vraiment entendu Dieu nous parler ou si nous avons seulement été entraînés par nos propres sentiments naturels. Nous devons discerner si nous avons été simplement influencés sur le plan émotionnel ou spirituel par quelqu'un d'autre.

En plus des tests que nous avons déjà considérés dans ce chapitre, il y a plusieurs questions que nous pouvons nous poser. Elles nous aideront à juger de ces révélations personnelles.

Eprouver le messager

Nous devons nous assurer de deux choses concernant l'homme ou la femme qui nous adresse une prophétie personnelle:

- ♦ A qui cette personne rend-elle compte de ses activités? Nous devrions chercher à savoir si cet individu fonctionne normalement dans le cadre d'une église locale, étant sous sa protection et soumis à sa discipline ou s'il s'agit d'un «cavalier seul» ou d'un «franc-tireur». Nous devrions découvrir qui le corrige et s'il se soumet aux corrections reçues ou s'il ne rend tout simplement de compte à personne.

- ♦ Son style de vie. Nous devrions aussi vérifier son «fruit». Cela inclut son caractère, sa doctrine et les résultats de son ministère. Nous devrions découvrir si cette personne est semblable à Christ dans sa vie ou son ministère, si ce qu'elle croit est biblique et si sa vie contribue à construire le Royaume de Dieu. Mais ici nous devons faire attention de ne pas faire de la perfection absolue ou de la pleine maturité le test incontournable d'un messager. En effet, Dieu peut choisir de parler par le plus petit enfant de l'école du dimanche.

Même si une prophétie peut être exacte, nous devrions la rejeter si le messager qui l'apporte ne passe pas les tests de l'Ecriture. Nous devrions nous rappeler que:

- ♦ Les faux prophètes étaient rejetés par Jésus, même s'ils prophétisaient apparemment avec autant

Ecouter Dieu

d'efficacité qu'ils chassaient les démons – Matthieu 7:15-23.

- Caïphe a prophétisé avec exactitude même s'il n'était pas un disciple de Christ – Jean 11:45.

- Balaam a utilisé des moyens de divination païens aussi bien qu'il a prophétisé au nom du Seigneur si bien que Dieu a renversé ses prédictions et transformé ses malédictions en bénédictions pour Israël – Nombres 22-24.

Eprouver le message

Pour chaque prophétie personnelle nous pouvons nous poser toute une série de questions pratiques. Elles seront parfois plus adaptées à l'évaluation des révélations que nous recevons dans l'écoute que nous pratiquons en privé, et parfois plus pertinentes pour tester les révélations qui nous sont transmises par d'autres personnes.

Ce dont nous devons nous souvenir et qui est le plus important, c'est que nous devrions toujours tester chaque message de manière approfondie.

- La révélation est-elle soutenue par des faits?

    Si quelqu'un parle par l'Esprit, ses paroles seront vérifiées. Les signes qu'il annonce et les prédictions qu'il fait se réaliseront.

    Nous devrions toutefois comprendre que la prophétie n'est pas inspirée verbalement de la même manière que l'Ecriture. L'Esprit donnera peut-être une révélation «en substance», son élément central, mais certains éléments humains pourront apporter une certaine distorsion à l'image finale.

    Nous devons nous rappeler que l'exactitude n'est pas une preuve d'authenticité. Des faits surnaturels

Juger la révélation

ne font pas en soi de la «révélation» une prophétie car ils peuvent très bien provenir d'une source démoniaque.

- La révélation est-elle biblique?

Si le message contient une fausse doctrine, c'est un signal qui nous avertit que le message peut ne pas provenir du Saint-Esprit.

Toutefois il arrive qu'une prophétie authentique puisse contenir une erreur doctrinale due à l'immaturité du prophète dans sa manière de gérer la révélation prophétique.

C'est pour cela que nous devons opérer dans le discernement. Parfois il peut nous être demandé de séparer le noyau divin du déchet humain. Mais chaque prophétie doit finalement se soumettre entièrement à l'Ecriture.

C'est peut-être la raison pour laquelle les enseignants et les prophètes devraient chercher à travailler plus ensemble. Du reste tous les ministères d'Ephésiens 4:11 devraient chercher à travailler plus ensemble. Chacun en effet peut bénéficier des autres.

- La révélation est-elle confirmée et confirme-t-elle quelque chose?

Si Dieu est vraiment en train de parler, nous pouvons nous attendre à ce qu'il confirme sa Parole par divers moyens et diverses sources. Nous voyons ce principe dans Matthieu 18;19–20, Actes 13:2 et 1 Corinthiens 13:1.

- La révélation est-elle accompagnée du témoignage intérieur du Saint-Esprit?

Le Saint-Esprit rend témoignage aux vraies paroles de prophétie et parce qu'il est en nous et avec nous,

nous pouvons nous attendre à ce qu'il appose dans notre cœur sa marque d'authenticité pour confirmer la révélation reçue.

Bien sûr nous devons nous assurer que nous ne confondons pas le témoignage de l'Esprit avec une réaction humaine, spécialement lorsqu'une prophétie lance un défi à nos idées préconçues, une tradition religieuse ou une barrière culturelle.

Nous avons vu que l'une des manières dont l'Esprit nous donne ce témoignage est son «fruit». Nous pouvons nous demander si le message reçu est en harmonie avec son amour, sa joie, sa paix, sa patience, sa douceur etc.

La prophétie dans le Nouveau Testament vient de l'Esprit de Christ et devrait généralement être donnée comme une édification, une exhortation et un encouragement.

- Sommes-nous sûrs que ce message ne cherche pas à court-circuiter notre responsabilité personnelle de prendre les bonnes décisions?

La prophétie authentique pointe sur ce que Dieu est en train de faire et nous appelle à mettre nos pas dans ses empreintes. Elle peut nous montrer la volonté particulière de Dieu, elle peut même nous lancer le défi d'obéir à sa volonté, mais elle n'insistera pas pour que nous obéissions sans réfléchir, sans vérifier la révélation. Chaque révélation devrait être éprouvée avec l'aide de sages conseillers et de leaders purs et matures.

- Le message évite-t-il de toucher à des domaines excessivement personnels?

Nous devrions être très circonspects avec les messages provenant de personnes qui insistent

Juger la révélation

pour nous dire que Dieu leur a dit avec qui nous devrions nous marier ou ne pas nous marier, de quelle couleur nous devrions peindre notre maison, quel type de voiture nous devrions acheter etc.

◆ La révélation s'harmonise-t-elle avec le conseil de Dieu pour notre vie?

Pour la plus grande partie d'entre elles, les prophéties personnelles devraient confirmer des choses que Dieu a déjà dites. Il peut éventuellement nous donner de nouvelles informations par la prophétie personnelle, mais ce qu'il nous a dit devra se conformer à ce que nous connaissons déjà du plan général de Dieu pour notre vie.

Nous devrions être prudents si nous recevons quelque chose qui ne s'adapte pas au cadre de ce que nous savons.

Nous ne devrions pas rejeter la révélation catégoriquement. Il se pourrait en effet qu'il s'agisse d'une directive qui souligne la prochaine étape dans le déroulement des plans de Dieu pour notre vie.

Mais nous devrions la mettre de côté et demander au Seigneur de clarifier la situation.

◆ Le message prétend-il revêtir une autorité ou un niveau d'inspiration trop élevés?

Nous avons vu que toutes les prophéties ne correspondent pas au même niveau d'inspiration.

Un message personnel ne sera souvent rien de plus qu'une consolation ou un encouragement inspirés mais il peut, parfois, contenir une parole importante de direction, de correction ou de prédiction.

Dieu confie presque toujours de telles paroles

Ecouter Dieu

d'importance «majeure» à des personnes prophétiques expérimentées et matures. La plupart des erreurs ont lieu lorsque les gens commencent à prophétiser en dehors de «l'analogie de leur foi» ou du don que Dieu leur a donné.

Nous devons faire particulièrement attention à toute parole qui semble déterminer certains aspects de notre avenir.

Eprouver toutes choses
Il est difficile d'exagérer l'importance de ce chapitre qui concerne le jugement de la révélation. Tout accent placé sur l'écoute de Dieu et la communication prophétique doit inclure une compréhension biblique de ce en quoi consiste le fait d'éprouver la révélation.

Il ne s'agit jamais d'un domaine facile, et nous devons l'aborder avec une grande humilité. Mais lorsque nous écoutons sans éprouver ou prophétisons sans être jugés, nous ouvrons la porte à l'erreur, aux émotions perturbatrices, à l'influence des hommes et aux égarements démoniaques.

Chapitre Neuf

Développer l'écoute prophétique

Il est tragique de constater qu'en dépit des conférences, des livres et des sermons de ces dernières années, il semble que la prophétie n'ait toujours pas trouvé de place de manière régulière dans la plupart des familles d'église. Rares sont les congrégations qui donnent de la place à la prophétie et la traitent avec un saint respect.

Beaucoup de leaders ne croient pas que l'écoute prophétique et la révélation soient la manière dont Dieu se sert pour communiquer aujourd'hui. Certaines églises pentecôtistes et charismatiques sont même paralysées par la peur des faux prophètes et elles cèdent à la prophétie superficielle. Quant au jugement de la prophétie dans ces milieux, c'est la confusion qui règne.

Nous devrions réaliser que Satan s'oppose fermement à la prophétie et qu'il est déterminé à faire de son mieux pour la diffamer et pousser les croyants à l'ignorer. Il a de bonnes raisons de s'y opposer. En effet, la prophétie est tellement importante pour l'Eglise.

Comme nous l'avons vu, Dieu parle par la prophétie. Il l'utilise pour manifester sa présence, édifier, encourager et consoler les croyants et pour convaincre ceux qui ne sont pas encore sauvés.

Par la prophétie, Dieu révèle son caractère, dirige le travail de son peuple, les avertit pour qu'ils échappent à des problèmes, les prépare à faire face aux difficultés et désigne ceux qu'il veut à son service, soit sur place soit outre-mer.

Par la prophétie nous pouvons connaître la Parole particulière de Dieu et sa volonté immédiate.

Nous pouvons aussi imiter la résolution de Jésus de ne faire

Ecouter Dieu

que ce qu'il voyait faire au Père et ne dire que ce qu'il avait entendu du Père.

Il est donc d'importance vitale que nous établissions clairement et reconnaissions quelle est la fonction de la prophétie et le rôle des prophètes dans l'Eglise aujourd'hui. Il est également très important que nous sachions comment développer l'écoute prophétique et la vie prophétique dans toutes les congrégations.

Il y a différentes choses que les leaders autant que les simples croyants peuvent faire pour développer l'écoute prophétique de Dieu.

Les leaders
Les chrétiens doivent avoir confiance dans le fait que leurs leaders les prendront au sérieux quand ils prophétiseront et qu'ils ne considéreront pas cette activité de leur part comme une excentricité inoffensive. Le ministère prophétique se développe rarement dans les églises dont les leaders pensent qu'ils peuvent permettre à quelqu'un de «faire son petit numéro» tout en ne faisant pas cas de ce qui est communiqué.

Une réaction publique
Les leaders devraient réagir publiquement à la prophétie. En fait, ils ne devraient pas admettre la prophétie dans leur congrégation sans avoir auparavant mis en place un moyen de la gérer.

En réalité, certains leaders ne laissent pas de place à la prophétie parce qu'ils craignent l'éventualité d'une forte tête qui ferait pression sur l'assemblée en utilisant ce moyen. Si quelqu'un apporte une révélation, celle-ci sera reçue dans un silence embarrassé, puis rapidement oubliée.

Mais le principe biblique du «jugement» du flot prophétique afin de révéler l'essence de la Parole de Dieu qui y est contenue, élimine le problème pastoral de la pression exercée par les hommes ou du rejet personnel subit par d'autres.

Pour dire les choses simplement, 1 Thessaloniciens 5:20

Développer l'écoute prophétique

établit clairement qu'un leader ne devrait jamais ignorer la prophétie. Dans chaque tradition d'église il est possible d'établir un modèle approprié qui permette aux dons spirituels de s'exprimer dans «l'ordre et la bienséance». Les leaders devraient s'assurer que ce modèle soit connu et respecté. Ils devraient créer un climat où les maladresses et les échecs ont leur place et les accepter avec le sourire, sachant qu'il s'agit de dérapages inévitables.

Nous savons que nous apprenons plus de choses en faisant des erreurs qu'en ne faisant rien et que nous ne pouvons pas atteindre la maturité sans passer par une phase d'immaturité. Ces vérités s'appliquent à la prophétie autant qu'à tous les autres aspects de notre vie physique et spirituelle.

La direction donnée en public
La plupart des gens et plus particulièrement les visiteurs apprécieront qu'un serviteur fasse quelques commentaires pour présenter et expliquer l'usage des dons spirituels et donne des lignes directrices au sujet de la procédure respectée à ce sujet dans cette assemblée.

Les leaders devraient essayer de s'assurer qu'il y ait un *taxis* biblique dans leur culte, c'est à dire un ordre et une manière ordonnée de faire les choses. Ils devraient laisser la place pour «toutes choses» sans laisser tout le monde faire n'importe quoi en provoquant l'anarchie et le chaos.

Comme toute révélation est soumise à la Parole écrite de Dieu, les leaders doivent connaître les Ecritures et être capables à la fois de défendre la saine doctrine et d'exposer les fausses doctrines en pleine lumière.

Ils devraient aussi avoir des références sur les gens qui prophétisent, afin d'éviter l'infiltration de faux prophètes, sans oublier le principe de Nombres 22:28-30. Si Dieu peut parler de cette manière, il peut sûrement parler par le croyant le plus ancien ou le plus jeune, le plus immature ou le moins éduqué, celui qui ne paye pas de mine...

Ecouter Dieu

L'encouragement donné en public
Ephésiens 4:11-12 enseigne que les pasteurs ont la responsabilité principale d'équiper les croyants pour qu'ils accomplissent l'œuvre du ministère et la construction de l'église. Comme la prophétie est un élément fondamental pour l'édification de l'église, les pasteurs et les enseignants devraient activement aider les «saints» à prophétiser.

Beaucoup de croyants ont besoin d'encouragements constants pour faire confiance aux pensées que Dieu leur a données.

D'autres ont besoin de directives pour les aider à passer des platitudes superficielles à la prophétie spécifique. Et certains ont besoin d'être guidés pour savoir comment et quand s'arrêter de parler.

Finalement, pour que l'écoute et la vie prophétiques se développent dans une église, les leaders doivent donner l'exemple public de leur *zelotes* pour la prophétie. S'ils ont un désir profond pour la prophétie et s'ils font de l'écoute leur priorité personnelle, alors les gens eux-mêmes dans l'église commenceront à «entendre» Dieu leur «parler» plus clairement.

Mais si les leaders ont la réputation d'être contre la prophétie ou du moins assez méfiants il n'y a pas beaucoup de chances pour que le peuple se soucie d'écouter Dieu et prennent sa parole prophétique au sérieux.

Le peuple
Ecouter Dieu, c'est écouter sa Parole. Si nous avons le profond désir d'entendre Dieu «parler», nous devons nous saturer de sa Parole écrite et vivre à proximité de sa Parole personnelle, il n'existe pas de raccourcis ou de solutions instantanées qui puissent nous dispenser d'un style de vie discipliné.

Dévorer la Bible
L'inspiration prophétique vient par le fait que nous nous exposons à la Parole et que nous nous ouvrons à l'Esprit.

Développer l'écoute prophétique

- Nous avons besoin d'être continuellement en train de dévorer la Bible pour pouvoir entendre la plupart des pensées de Dieu.

- Nous avons besoin de la lire régulièrement, à fond, avec attention, avec des oreilles spirituelles alertes pour discerner la manière dont Dieu souligne la Parole *rhema* qu'il nous adresse.

- Nous avons besoin de lire toutes les parties de l'Ecriture, l'Ancien et le Nouveau Testament, Lévitique et Luc, Amos et Actes, Habacuc et Hébreux etc.

- Et nous avons besoin de nous souvenir des vérités de 1 Thessaloniciens 2:13 et de 1 Corinthiens 2:14. L'Esprit qui est à l'origine des Ecritures doit aussi nous les expliquer car les vérités qu'elles contiennent se discernent spirituellement et non intellectuellement.

Lorsque nous faisons cela, nous devons consciencieusement nous aligner avec l'enseignement de la Bible, car une compréhension dépourvue de l'obéissance à l'Evangile est toujours un péché. Dieu ne communique pas sa Parole seulement pour nous enseigner des faits à son sujet. Il nous donne sa Parole essentiellement pour que nous puissions le connaître, lui, personnellement, intimement, directement et joyeusement.

Comme nous l'avons vu dans *Connaître le Père*, l'obéissance à l'Evangile est un équipement d'obéissance plus qu'un effort personnel charnel: ce n'est que par l'œuvre de l'Esprit que la Parole accomplit ses buts dans les vies humaines.

Cela illustre l'importance d'avoir une ouverture intime au Saint-Esprit tout en ayant une relation proche avec la Parole écrite.

Ecouter Dieu

Zélés pour la prophétie
Comme les leaders, chaque croyant devrait suivre la triple injonction de 1 Corinthiens 14. Nous devons désirer ardemment voir le don de prophétie s'établir dans notre église, dans toutes les églises.

Sans la moindre ambition spirituelle, nous devrions nous offrir nous-mêmes à Dieu comme d'humbles serviteurs et servantes prêts à agir dans l'obéissance aux incitations de l'Esprit. Tout ce que Dieu a besoin c'est d'une oreille et d'une bouche. Nous devrions nous porter volontaires pour être l'un de ses messagers servant, qui ne proclame que ce qu'il dit, au monde et à l'Eglise.

S'attendre à ce que Dieu parle
Lorsque nous devenons sérieux par rapport à l'écoute et la vie prophétique, nous devons nous attendre à ce que Dieu nous «parle», qu'il nous somme d'entrer dans sa présence, pour souffler ses pensées à nos «oreilles», pour placer son «fardeau» sur nos «épaules», etc.

Beaucoup de gens trouvent pratique d'utiliser un cahier de notes pour consigner par écrit les rêves, les pensées et les paroles qu'ils pensent être éventuellement la parole que Dieu leur a adressée. Après un certain temps, cette habitude peut nous aider à identifier plus clairement le murmure doux et léger que nous avons tendance à sous-estimer.

Si Dieu semble nous suggérer quelque chose qui n'est pas personnel, nous devrions lui demander si cette pensée est une parole qui devrait être transmise à une autre personne ou à un groupe de gens. Nous devons nous rappeler que toutes les révélations prophétiques ne sont pas réservées à être communiquées en public, mais que toutes les révélations prophétiques sont destinées à la prière personnelle et à l'intercession.

Lorsque nous décelons que Dieu nous a donné une parole que nous devrions transmettre, nous devons nous laisser diriger par lui quant au lieu, au temps et à la personne. Nous

Développer l'écoute prophétique

devons nous confier entièrement à l'Esprit, qui nous poussera de telle manière que nous saurons quelle parole donner, à qui la donner, où et quand la donner.

Identifier les peurs
La plupart des croyants ont avec raison certaines appréhensions quand il s'agit de transmettre la Parole de Dieu à une autre personne. Lorsque c'est le cas, il est bon d'identifier la cause de notre crainte afin que nous puissions demander à Dieu de régler ce problème.

Nous devrions nous demander si, par exemple, nous avons peur de:

- Ce que les autres pensent?
- Ne pas être capable de finir notre prophétie?
- Dire quelque chose de ridicule?
- Etre ridicule?
- Etre persécuté, rejeté ou incompris?

En fait, nous devrions toujours avoir plus peur de ce que Dieu penserait si nous lui désobéissions en n'apportant pas cette parole que de ce que les autres diraient si nous lui obéissions en parlant de sa part.

Nous devons comprendre que nous pouvons progresser en tirant leçon de nos erreurs et de nos échecs mais que nous n'apprendrons rien en restant silencieux lorsque Dieu nous a poussés à parler.

Nous devons avoir de l'empathie pour les autres chrétiens qui apprennent à écouter Dieu et à parler prophétiquement, et supporter leurs faux pas et leurs tentatives. Et nous devons persévérer dans notre écoute et notre vie prophétique afin que la «voix» de Dieu puisse être entendue avec toujours plus de clarté, d'autorité et de puissance dans la partie du monde où nous avons été placés.

Ecouter Dieu

L'intercession prophétique
De même que les leaders et les simples croyants peuvent développer cette écoute prophétique de ces manières bien précises, ils devraient aussi la développer par leur intercession prophétique. Nous devrions chercher à progresser dans une vie d'écoute qui soit constamment en alerte pour entendre la voix de Dieu. Toutefois, nous ne pouvons réussir à construire une vie aussi attentive que sur le fondement de la prière d'écoute.

Nous savons que Dieu veut nous attirer plus près de lui afin de pouvoir nous révéler ses pensées les plus profondes. Et il le fait par la prière. Nous devrions donc prier pour recevoir la révélation puis ensuite prier selon la révélation que nous avons reçue.

La prière concerne tout ce que nous ne sommes pas et tout ce que nous ne pouvons pas par nous-mêmes.

Plusieurs d'entre nous sommes absorbés par nos propres soucis et idées si bien que lorsque nous prions, nos problèmes personnels assombrissent nos pensées en nous empêchant de discerner la volonté de Dieu ainsi que ses préoccupations et ses fardeaux.

Lorsque nous nous approchons de Dieu dans la prière, nous devrions plus chercher à recevoir sa Parole qu'à l'informer de ce qui nous inquiète. Nous devrions nous approcher de lui avec des mains vides et un esprit ouvert.

Nous avons considéré l'intercession plus en détails dans *La Prière efficace* et avons noté que nous avons besoin de recevoir la direction de Dieu pour notre intercession.

Tous les grands intercesseurs de la Bible étaient des prophètes oints de l'Esprit et tous suivaient un ordre très strict dans leur intercession:

- ◆ En prière, ils entraient dans la présence de Dieu.
- ◆ Ils écoutaient tranquillement et patiemment pour recevoir la révélation de Dieu.

Développer l'écoute prophétique

- ♦ Ils prononçaient cette révélation à Dieu dans une prière d'intercession.
- ♦ Ils annonçaient la révélation aux personnes concernées.

Nous pouvons dire que l'intercession prophétique est une prière dans la révélation et que pour la plupart des gens, elle ouvre le chemin à une vie d'écoute prophétique de Dieu.

La vraie intercession biblique n'est pas une récitation des besoins des gens que nous connaissons. Elle ne consiste pas non plus à suivre une liste de requêtes. Au lieu de cela, l'intercession prophétique authentique et biblique commence toujours par une attente tranquille et persévérante de la révélation du cœur de Dieu.

Comme nous l'avons vu, les prophètes de l'Ancien Testament recevaient:

- ♦ Une vision de la part de Dieu – ils voyaient ce que Dieu voyait.
- ♦ Un fardeau de la part de Dieu – ils ressentaient ce que Dieu ressentait.
- ♦ Une Parole de Dieu – ils entendaient ce que Dieu disait.

Il en est de même aujourd'hui: notre intercession biblique commence lorsque nous recevons une révélation de Dieu. Mais en général, cette dernière ne fait pas exploser nos sens au point d'envahir nos pensées et d'attirer notre attention immédiate.

Comme Elie dans 1 Rois 19:9–18, nous avons besoin d'apprendre que la voix de Dieu est rarement comme un ouragan, un tremblement de terre ou un feu dévorant. Elle ressemble plus souvent au son d'un murmure qui ne peut être entendu que par ceux qui écoutent attentivement.

La révélation prophétique conduit naturellement à l'intercession prophétique et beaucoup de révélations sont données dans le but de diriger et d'encourager l'intercession.

Ecouter Dieu

Bien que nous soyons les messagers servants de Dieu, nous ne devrions pas être déconnectés de notre message sur le plan émotionnel. Nous sommes au contraire d'authentiques partenaires dans le message prophétique, intercédant auprès de Dieu au sujet de notre message, priant que ses buts s'accomplissent.

Nous voyons un exemple particulièrement clair de cette progression de l'écoute à la révélation et de la révélation à l'intercession dans Nombres 14:13-19. Ici Moïse intercède en réponse à la révélation selon laquelle Dieu est sur le point de détruire son peuple.

Dans ce passage, il y a trois éléments qui influencent l'intercession prophétique de Moïse:

La réputation de Dieu
Moïse savait que la réputation de Dieu était en jeu. Si le peuple avait été détruit, les nations païennes environnantes auraient pensé que *Yahvé* n'était pas capable de garder sa promesse.

Moïse n'essayait pas de négocier avec Dieu. Il avait une réelle préoccupation pour le nom et la réputation de Dieu. Il avait vu la gloire de Dieu et maintenant il en était devenu jaloux. La révélation des intentions de Dieu le poussait à intercéder devant lui pour préserver la réputation de Dieu.

Le caractère de Dieu
A cause de sa relation intime avec Dieu, dont nous avons la description dans Exode 33:12 à 34:8, Moïse savait que Dieu était caractérisé par la miséricorde et le pardon. Son intercession revenait en fait à dire: «Dieu, souviens-toi de la révélation que tu as donnée de toi-même au Sinaï et pardonne ton peuple!»

Moïse n'essayait pas de manipuler Dieu, il intercédait selon la Parole qu'il avait déjà reçue au sujet du caractère de Dieu.

Le peuple de Dieu
Moïse avait une profonde préoccupation pour le peuple de Dieu et il s'identifiait totalement à eux. Il les aimait et ne voulait

Développer l'écoute prophétique

pas qu'ils soient détruits. Il intercéda pour eux, parce qu'il se souciait d'eux.

Comme Moïse, nos intercessions sont souvent influencées et motivées par notre compassion et notre préoccupation pour les gens, mais cela ne suffit pas. La révélation, fruit de notre écoute, devrait aussi déterminer notre manière de prier, comme devraient le faire notre connaissance et notre amour de Dieu.

La vie d'écoute

Une fois que nous avons appris à écouter Dieu dans la prière, nous avons besoin d'aller plus loin en reconnaissant sa «voix» de toutes sortes d'autres manières, aussi bien que de continuer à l'écouter dans la prière.

Dieu est le Grand Communicateur qui nous parle aujourd'hui à la fois personnellement et directement. Lorsque nous aurons développé une «vie de prière» qui se construit plutôt autour de notre écoute que de nos requêtes, nous pourrons continuer par écouter la voix de Dieu de toutes les manières dont nous l'avons vu «parler» à son peuple dans les Ecritures.

La Bible

Des passages tels que 1 Corinthiens 10:11, 2 Timothée 3:16–7 et Hébreux 4:12–13 nous rappellent la divine puissance et la valeur de la Parole écrite.

Dieu nous parle dans notre esprit par la Bible en attirant notre attention sur un verset particulier, un personnage ou un événement spécifiques. Parfois, il le fait alors que nous lisons les Ecritures pour nous-mêmes.

Parfois il le fait lorsque nous écoutons la lecture de la Bible faite publiquement ou lorsque nous entendons un enseignant nous l'exposer. Parfois aussi il nous pousse à nous souvenir d'une phrase ou d'un passage que nous avons lu ou entendu dans le passé.

Il est impératif que nous nous imbibions de la Parole, par la lecture personnelle, l'étude, la méditation et la mémorisation,

Ecouter Dieu

en écoutant la prédication et l'enseignement bibliques publics et en utilisant des livres d'enseignement et d'autres aides.

Le monde naturel
Genèse 9:12-17, Psaumes 19:1-6, Proverbes 6:6-8, Matthieu 6:25-30 et Romains 1:18-20 sont des passages qui illustrent la vérité selon laquelle Dieu communique avec nous par sa création et le monde naturel.

Parfois, Dieu nous «parle» dans notre esprit lorsque nous remarquons un détail dans un tout petit coin de la création ou lorsque nous sommes saisis par la grandeur et la complexité magnifique d'un grand panorama ou simplement lorsque nous passons du temps en sa compagnie, jouissant de l'œuvre de ses mains.

Beaucoup d'entre nous menons une vie si trépidante que nous passons très peu de temps à «marcher avec Dieu dans le jardin». Si notre but sincère est de développer une vie d'écoute, nous aurons besoin de créer des espaces dans nos vies lorsque nous sommes seuls avec Dieu, pas seulement pour prier mais aussi pour jouir de lui et de sa création.

Dieu veut s'impliquer dans tous les aspects de notre vie, mais il veut aussi que nous partagions avec lui sa vie et que nous attachions de la valeur à ses activités.

Les événements et les circonstances
Nous avons vu que Dieu communique par des événements nationaux et des circonstances personnelles. Ce n'est pas la seule manière dont il «parle» et nous devons recevoir l'Esprit de sagesse pour interpréter l'actualité de manière précise. Mais Dieu parle aussi à notre esprit par les détails de nos vies, même par la maladie, comme le montre l'épître de Jacques dans Jacques 5:14-15.

Ce qui ne veut pas dire que Dieu cause la maladie dans notre vie ni que, par exemple, tous les désastres naturels sont un jugement de Dieu sur une nation particulière. L'histoire de Job nous donne ici un éclairage. Job a beaucoup souffert. Les

Développer l'écoute prophétique

Sabéens l'attaquèrent, tuèrent ses serviteurs et emportèrent ses troupeaux. Ensuite un feu détruisit son troupeau et ses bergers. Pendant ce temps les chaldéens volaient ses chameaux et tuaient ses gardiens. Puis une tempête frappa sa maison, tuant tous ses enfants. Finalement Satan attaqua Job personnellement en lui envoyant des ulcères douloureux.

Qui est à blâmer dans tous ces événements? Satan était certes l'instigateur de toutes ces attaques, mais les Sabéens et les Chaldéens agirent aussi sur la base de leur libre arbitre. La nature a été impliquée. Et Job 1:12 et 2:6 montre que Dieu avait clairement permis que ces événements arrivent. Le livre de Job maintient simplement ces éléments ensemble dans une tension théologique. Cela montre que Dieu peut même utiliser les actions négatives des autres, plus les circonstances malheureuses de la nature, pour nous communiquer des vérités profondes.

La Bible montre que Dieu utilise et permet nos circonstances. Par exemple:

- ◆ Pour nous discipliner – Hébreux 12:3–11.
- ◆ Pour nous humilier et nous éprouver – Deutéronome 8:2–5.
- ◆ Pour nous montrer sa puissance et son amour – Exode 14:30–31.

Tout ce qui nous arrive, et tout ce qui arrive à notre nation fait partie de la volonté «permissive» de Dieu. Ces choses sont «permises» par Dieu même s'il ne s'agit pas nécessairement de sa volonté «parfaite». Cela signifie, comme dans Jérémie 9:12–16 que nous avons souvent besoin d'une interprétation prophétique des événements pour comprendre ce que Dieu est en train de dire par nos circonstances.

Des impressions

Nous savons que le Saint-Esprit possède un accès dans les replis les plus secrets de notre cœur et de nos pensées. De ce fait, il peut communiquer directement à notre esprit humain

Ecouter Dieu

de manière «trans-rationnelle» par de saintes «impressions». Ces impressions viendront par exemple souvent par:

- ◆ Des pensées.
- ◆ Des mots.
- ◆ Des idées.
- ◆ Des images.
- ◆ Des sensations physiques.
- ◆ Une voix intérieure.
- ◆ Un discours prophétique.
- ◆ Des langues.
- ◆ Une interprétation.
- ◆ Le don de prophétie.

Il semble que certains croyants pensent que ces impressions trans-rationnelles sont la manière «normale» utilisée par Dieu aujourd'hui pour communiquer avec nous. Toutefois, comprenons-le bien, il ne s'agit simplement que de l'une des nombreuses manières dont il peut nous parler et ces impressions ne sont ni «supérieures» ni «plus spirituelles» que les autres moyens qu'il utilise pour communiquer avec nous.

Lorsque Dieu nous parle effectivement de cette manière, nous devons bien nous assurer que sa parole soit testée et ne soit pas mal interprétée.

Les songes et les visions
Les Ecritures montrent clairement que Dieu communique parfois avec son peuple par des songes pendant la nuit et des visions pendant la journée.

Nous voyons cela dans l'Ancien Testament, au moment de la naissance de Jésus, à sa mort et à des stades importants du développement de la première église. Par exemple: Genèse 15:1; 20:3–7; 28:12–15; 37:5–11; 40:8–19; 41:1–36; Nombres 12:6–8; Deutéronome 13:1–5; 1 Samuel 3:9–15; Ezéchiel 1:1 à

Développer l'écoute prophétique

3:15; Daniel 1:17; 2:1-45; 5:11-12; Joël 2:28; Matthieu 1:20-21; 2:12-13, 19-23; 27:19, Actes 9:10-16; 10:3-6; 11:5-10; 16:9-10; 18:9-10; 2 Corinthiens 12:1-4 et Apocalypse 1:10.

Cela ne signifie pas que tous nos rêves contiennent toujours des messages venant de Dieu mais plutôt qu'à certains moments il attire notre attention sur sa Parole par un rêve ou une vision. Nous ne devrions pas sous-estimer nos rêves, mais nous n'avons pas besoin d'essayer de nous souvenir de tous nos rêves ni de chercher à tous les comprendre.

En construisant une vie d'écoute sur la prière d'écoute, nous apprendrons à reconnaître la manière dont Dieu souligne certaines choses dans nos vies pour nous révéler sa Parole *rhema*. Et parfois ce mode de communication peut inclure notre subconscient.

Une voix audible

Nous avons souvent noté que Dieu nous parle rarement avec une voix audible que nous entendons avec nos oreilles physiques. Nous devons toutefois reconnaître qu'il y a quelques rares occasions, comme dans Exode 3:4 à 4:17 et 1 Samuel 3:4-14, où Dieu parle vraiment de manière audible.

Le processus de l'écoute

Dans *Une foi vivante*, nous avons vu qu'il est plus facile de se concentrer sur une partie du processus que de le saisir dans son ensemble. Cette erreur d'appréciation commune se retrouve aussi au sujet de la prophétie. Par exemple, plusieurs secteurs de l'Eglise pensent à la prophétie essentiellement en termes de parole, alors que dans ce livre, nous nous sommes plus concentrés sur la fondation de l'écoute.

Nous devons toutefois nous rappeler que la prophétie est un processus complet qui implique:

- Une convocation dans la présence de Dieu
- Une relation intime avec lui
- Une écoute persistante et attentive

Ecouter Dieu

- Le fait de recevoir sa Parole par l'Esprit
- Juger ou séparer la Parole
- Transmettre la Parole de Dieu à la personne ou au groupe appropriés.

La prophétie inclut toutes ces étapes, et l'ensemble du processus peut prendre un temps considérable. Il s'agit rarement d'un événement ponctuel et court!

Nous avons aussi vu que toute l'Eglise est appelée à être zélée pour la prophétie et que certaines personnes sont impliquées dans le jugement de la prophétie. Le processus prophétique est rarement une activité individuelle et implique normalement l'Eglise. Nous avons besoin d'apprendre à écouter ensemble ainsi qu'individuellement.

Nous devons apprendre à juger les révélations les uns des autres en soumettant nos révélations au jugement des autres. Plus important encore, nous devons apprendre à faire confiance aux révélations reçues par d'autres personnes que nous, lorsqu'elles ont été éprouvées.

En persévérant dans notre vie d'écoute, nous aurons souvent besoin de nous souvenir de l'ensemble de ce processus et de vérifier que nous prêtons attention à toutes ses étapes. En bref, nous avons besoin de:

- Ecouter Dieu dans le contexte d'une relation personnelle intime, d'un partenariat de service et d'une adoration dirigée par l'Esprit.

- Comprendre qu'il nous parle essentiellement pour se révéler à nous et que sa révélation met toujours sa relation avec nous en valeur.

- Noter ce que Dieu nous montre quelle que soit la manière qu'il choisit d'utiliser pour nous communiquer.

- Interpréter la révélation avec soin, avec l'aide de la sagesse et de l'illumination de l'Esprit afin que nous

Développer l'écoute prophétique

ne comprenions pas mal la signification et le but du message reçu.

◆ Juger, tester, soupeser, discerner, séparer et éprouver la révélation bibliquement, en nous assurant qu'elle reste en harmonie avec les Ecritures, avec notre bon sens sanctifié, avec d'autres révélations, etc.

◆ L'appliquer avec sagesse et de l'utiliser avec douceur, en nous assurant que nous avons reçu de Dieu ses instructions sur la manière dont nous devrions l'appliquer: à qui il veut que nous la transmettions, quand elle devrait être donnée, qui devrait la communiquer etc.

◆ Sonder notre motivation dans l'exercice de la prophétie, en nous assurant que nous ne cherchons pas à attirer l'attention sur nous, que nous voulons construire l'Eglise et que notre intention n'est pas de condamner ceux qui nous irritent.

◆ Donner la Parole avec grâce et douceur.

◆ Recevoir avec une grande attente toute révélation éprouvée qui nous est adressée et lui obéir.

Premières étapes dans la vie et l'écoute prophétique
Nous avons appris que, depuis la Pentecôte, tous les chrétiens remplis de l'Esprit peuvent prophétiser et que l'homme ou la femme qui ont un ministère prophétique sont simplement ceux qui prophétisent le plus souvent.

Nous avons un urgent besoin d'une église prophétique et nous avons besoin d'hommes et de femmes avec un ministère prophétique dans chaque église locale.

Dieu utilise toute personne qui est d'accord de chercher sa face, de chercher ses dons et d'avoir suffisamment de courage pour essayer.

Certains croyants ne savent pas vraiment quoi faire lorsqu'ils commencent vraiment à écouter Dieu sérieusement:

Ecouter Dieu

les suggestions pratiques suivantes peuvent aider les croyants à faire leurs premiers pas sur le chemin d'une vie d'écoute prophétique.

- Préparer votre cœur à écouter Dieu.
- Se souvenir que le grand désir de Dieu est de se révéler lui-même, de révéler sa volonté et sa Parole à tous ses enfants – il parle et il veut que vous connaissiez sa voix.
- Lier l'ennemi pour l'empêcher de mettre dans nos pensées des suggestions et des voix qui nous égarent. Nous considérons cette étape dans *Le Ministère dans l'Esprit*.
- Se débarrasser de toutes les autres pensées.
- Lire un passage de l'Ecriture qui nous aide à nous concentrer sur Dieu.
- Prier brièvement en langues – ceci fortifie notre esprit et le prépare à recevoir la révélation.
- Etre ouvert et prêt à recevoir quelque chose de la part de Dieu, se mettre à l'écoute de ses pensées, ses incitations et ses suggestions.
- Noter tout ce qui nous vient à l'esprit.
- Vérifier et tester ces pensées.
- Demander à Dieu plus de clarté et de confirmer ce qu'il nous dit.
- Etre patient, prendre le temps.
- Etre sûr de l'interprétation correcte de la révélation prophétique.
- Partager la révélation avec des disciples plus expérimentés et leur demander de l'éprouver pour vous.

Développer l'écoute prophétique

- Etre prêt à recevoir des corrections et des confirmations.
- Agir sur la base de la révélation reçue, sous une claire direction de l'Esprit.

Me voici, envoie-moi.
Marc 4:14–20, Hébreux 4:2 et Jacques 1:22 sont des passages qui soulignent la vérité selon laquelle il ne suffit pas d'écouter Dieu: nous devons aussi agir sur les paroles que nous avons entendues.

En fait nous nous trompons tout simplement nous-mêmes lorsque nous écoutons sans agir.

L'apôtre Paul a donné à Timothée un conseil important sur ce sujet et il s'applique à nous aujourd'hui:

- Utilise la Parole que Dieu t'a donnée et combat avec cette parole – 1 Timothée 1:18.
- Ne néglige pas le don que Dieu t'a communiqué – 1 Timothée 4:14.
- Ranime le message prophétique qui est en toi: veille à ce qu'il reste vivant – 2 Timothée 1:1–7.

Comme Timothée, nous devons retenir les paroles que nous entendons, comprendre le sens de ce que Dieu est en train de nous dire et ensuite agir sur ces paroles avec sagesse. Nous devons faire cela en étant pleinement dépendants du Saint-Esprit et en continuant à nous soumettre à toutes les autres disciplines de la vie chrétienne, telles que la prière, les Ecritures et la communion fraternelle.

Esaïe 6:5 rapporte l'humble réponse d'Esaïe au message prophétique de Dieu. Comme pour lui, ce ne sont ni l'orgueil ni l'ambition qui nous incitent à nous porter volontaires pour être l'un des serviteurs prophétiques de Dieu.

Nous venons au contraire à Dieu en connaissant la réalité de nos vies imparfaites. Mais nous savons que nos fautes et nos insuffisances ne nous disqualifient pas. En fait, tant que

Ecouter Dieu

nos faiblesses nous forceront à dépendre du Saint-Esprit, elles seront un élément positif.

Le passage d'Esaïe 6:6-8 nous indique ensuite comment Dieu a purifié Esaïe et lui a posé la question qu'il nous pose à nous aussi, encore aujourd'hui: «Qui enverrai-je, et qui marchera pour nous?» Que nous puissions répondre comme Esaïe!

Alors que nous nous approchons de Dieu en étant conscients de nos péchés et de nos manquements, nous pouvons être assurés qu'il désire nous purifier et nous équiper. Nous pouvons être certains qu'il nous réserve une mission unique que nous seuls pouvons remplir. Lorsque nous apprendrons à l'écouter personnellement et à répondre à sa Parole avec l'obéissance à l'Evangile, nous serons attirés plus profondément dans sa vie. Nous le verrons travailler de manière plus créative et puissante dans la vie des gens qui souffrent autour de nous.

www.ingramcontent.com/pod-product-compliance
Lightning Source LLC
Chambersburg PA
CBHW031113080526
44587CB00011B/949